기초프랑스어연습 II

♧ **저자 | auteures**

이은미 (충북대학교 교수)
Eun-Mee RHEE
(professeure à l'université nationale de Chungbuk)

김대영 (충북대학교 교수)
Daeyoung KIM
(professeure à l'université nationale de Chungbuk)

♧ **감수 | correctrices**

Maryse BRÉARD
(diplômée du CAPES, professeure de Lettres Modernes
au collège Jules Vallès)

Lucile BLOT
(étudiante en master 1 de Linguistique Appliquée à la Didactique du FLE
à l'université Paris Diderot)

기초프랑스어연습 II

초판1쇄 인쇄 | 2019년 1월 31일
초판1쇄 발행 | 2019년 2월 8일

저 자 | 이은미 & 김대영
발행처 | 충북대학교 출판부
발행인 | 김수갑

주 소 | 28644 충북 청주시 서원구 충대로 1
전 화 | 043-261-2952, 3014
팩 스 | 043-274-1256
이메일 | presscbu@chungbuk.ac.kr
등 록 | 제1983-2001-7호
인쇄처 | 케이프린텍

ISBN 978-89-7295-487-3 94760
978-89-7295-485-9 (세트)
값 18,000원

이 책은 2018년 충북대학교 국립대학 육성사업에 의해 지원 발행되었음.

EXERCICES PRATIQUES
DU FRANÇAIS DÉBUTANT

기초 프랑스어 연습 ②

이은미 & 김대영

충북대학교 출판부

머리말

대학에 들어와 처음으로 프랑스어를 배우기 시작하는 학생들은 숙지해야 할 프랑스어 문법 사항들이 너무나 많고 까다로워 어리둥절해 합니다. 또한 복잡하고 까다로운 문법사항들에 대해 세세하게 설명이 되어 있는 문법서들이 그리 많지 않아 난처해 합니다. 그렇다고 수많은 문장들을 암기하여 의사소통을 할 수는 없을 것입니다.
어떤 외국어의 문법을 완벽하게 아는 것은 어느 상황에서도 사용할 수 있는 적합한 문장을 만들 수 있는 능력을 길러 줍니다. 따라서 프랑스어를 잘 하기 위해서는 문법을 체계적으로 이해하는 것이 매우 중요합니다. 『기초프랑스어연습』 I과 II는 이와 같은 체계적 이해를 돕기 위해 프랑스어를 처음 시작하는 전공 학생들의 보조 학습을 목표로 만들어진 교재입니다. 『기초프랑스어연습』 I과 II는 교재 Festival1(2005)을 기준으로 삼아 문법을 설명하고 이를 이해하는 데에 필요한 문제들을 실었습니다. 이 교재의 응용 연습문제들을 많이 다루며 문법을 숙지하고 나면 프랑스어를 완벽하게 구사할 수 있는 언어능력이 쌓이게 될 것입니다. 또한 Festival에서 다루지 않거나 부족하게 다룬 문법사항과 단어 및 표현들을 보충했습니다. 따라서 프랑스어 능력시험 DELF A1, A2는 물론 B1 단계 준비용 학습서로도 이용할 수 있을 것입니다.

『기초프랑스어연습』 I과 II를 통해 '계산적 사고능력'을 필요로 하는 프랑스어를 올바르게 익히기 바라며, 프랑스어를 감수해주신 Maryse님과 Lucile님, 그리고 한국어를 수정해주신 강지영님과 이주현님께 감사드립니다. 아울러 사진을 사용하도록 허락해주신 분들께도 고마움을 전합니다.

저자일동

* 교재에서 사용한 모든 이미지는 저자가 소장하거나 www.fotolia.com에서 구입해 사용했습니다. 137~138쪽의 그림은 김하늘님의 허락을 받고 실었습니다.

목차

기초프랑스어연습 II
목차

제 13과 선물 제공하기

♧ 다음은 Festival 13과 내용입니다. 한국어 문장을 프랑스어로 쓰세요.

1) Noémie : Allô ! Bonjour Noémie. C'est Zoé. 방해한 건 아니지?
Noémie : Pas du tout, je ne travaille pas aujourd'hui. Tu vas bien ?
Zoé : Très bien, merci. 토요일에 폴과 미나 집에 갈 거지? 걔네 새 집으로 옮겼잖아.
Noémie : 응, 당연하지. 넌 안 오니?
Zoé : 나, 가지. 근데 선물로 뭘 할까?
Noémie : 우리 선물 같이 하자, c'est plus sympa.
Zoé : Ah bon, d'accord. Mais quoi ?
Noémie : Je ne sais pas. Écoute. 몇 시지? 12시. 그럼, 내가 걔네 친구인 막스에게 전화해보고 너한테 다시 연락할게.

2) Noémie : Bonjour Max, c'est Noémie, une copine de Mina et Paul.
Max : Bonjour. Tu vas à la fête chez eux, samedi ? 8시 반쯤, 맞지?
Noémie : C'est ça. 근데 뭘 가지고 가지? 아이디어 있어?
Max : 잠깐만. 아 맞다. 걔네들 예쁜 포도주 잔도 좋아하고, 맛 좋은 포도주도 좋아해.
Noémie : Alors, on prend ça ! Tu es d'accord ?
Max : Bien sûr.

3) Noémie : Allô, Zoé, c'est Noémie.
Zoé : Alors ?
Noémie : Ils aiment les jolis verres et le bon vin. Elle, on lui achète des verres à pied et lui, on lui offre des bouteilles de bon bordeaux. Max est d'accord, et toi ?
Zoé : 알겠어. 내일 그렇게 하자. 너희 집에 9시에 들를게.

출처: S. Poisson-Quinton et ali.(2005), *Festival* 1, p.14.

13과 목표

1. 간접목적보어 대명사 2. 소유형용사 3. 부정 의문문에 대한 두 가지의 대답
4. 전치사 + 강세 인칭대명사 5. 시간 표현

1. 간접목적보어 대명사(le complément d'objet indirect) : lui, leur

lui와 leur는 전치사 à와 함께 사용된 남성 명사와 여성 명사를 대신한다.

Je donne un livre à ma petite amie. ⇨ Je lui donne un livre.

Je donne un livre à mon père. ⇨ Je lui donne un livre.

Je donne une fleur à mes sœurs. ⇨ Je leur donne une fleur.

Je donne une fleur à mes frères. ⇨ Je leur donne une fleur.

1인칭과 2인칭 간접목적보어 대명사		
인칭	단수	복수
1인칭	me	nous
2인칭	te	vous

♧ 직접목적보어 대명사 (복습)		
인칭	단수	복수
1인칭	me	nous
2인칭	te	vous
3인칭	le la	les

♧ 문장에 사용된 간접목적보어 대명사는 인칭에 따라 그 위치가 달라질 수 있다.

① 간접목적보어 대명사가 1, 2인칭인 경우 직접목적보어 대명사 앞에 위치한다.

	간접목적보어 대명사	직접목적보어 대명사	
Sujet	me te nous vous	le la les	Verbe

② 간접목적보어 대명사가 3인칭인 경우 직접목적보어 대명사 뒤에 위치한다.

Sujet	직접목적보어 대명사	간접목적보어 대명사	Verbe
	le la les	lui leur	

가. 다음 질문에 간접목적보어 대명사 lui 또는 leur를 사용하여 답하세요.

1) Vous téléphonez souvent à vos parents ?

⇨ Oui, ______________________________

2) Tu envoies ce cadeau aux frères de Mina ?

⇨ Non, ______________________________

3) Tu ne parles pas au concierge ?

⇨ Non, ______________________________

4) Nous demandons l'heure à la dame habillée en vert ?

⇨ Oui, ______________________________

5) Tes beaux-parents et toi, vous offrez des avocats à vos grands-parents ?

⇨ Oui, ______________________________

6) Les professeurs demandent aux étudiants beaucoup de devoirs ?

⇨ Oui, ______________________________

나. 다음 빈 칸에 le, la, l', les, lui, leur 중 알맞은 것을 골라 넣으세요.

1) - Vous prêtez souvent votre voiture à votre sœur ?

- Non, je ne _______ _______ prête pas souvent.

2) - Tu envoies ce paquet à tes amies ?

- Oui, je _______ _______ envoie.

3) - Tu vas montrer tes photos à tes parents ?

- Oui, je vais _______ _______ montrer.

4) - Bernard achète à sa femme les livres de son copain écrivain ?

- Oui, il _______ _______ achète.

5) - Vous faites la cuisine ce soir ?

- Non, je ne _______ fais pas, on mange chez une amie.

6) - Vous invitez vos parents pour Noël ?

- Bien sûr, je _______ invite.

7) - Martine écrit souvent à ses amies ?

- Non, elle ne _______ écrit pas.

8) - Vous offrez souvent un cadeau à Lucile ?

- Non, nous ne _______ offrons pas de cadeau.

2. 소유형용사(l'adjectif possessif) (복습)

소유물 성·수 / 소유주 인칭	단수 명사	복수 명사
1인칭 복수(nous)	notre	nos
2인칭 복수(vous)	votre	vos
3인칭 복수(ils/elles)	leur	leurs

여러 사람이 단 한 개의 사물을 가지고 있는 경우에는 leur를, 여러 사람이 한 개 이상의 사물을 소유하는 경우에는 leurs를 사용한다.

- Tu sais, Sylvie et Lucile ont un copain : Pierre.
- Ah bon ? Pierre est leur copain ?! Céline et Maryse sont leurs copines aussi ?! Dis donc, elles ont beaucoup d'amis !!

♧ 소유형용사 leur와 간접목적보어 대명사 leur를 혼동하지 않아야 한다.

Daniel et Dominique ont deux filles : ils leur donnent une maison.

Daniel et Dominique ont un chat : leur chat est mignon.

Patricia et Jacqueline ont des chats : elles leur donnent du poisson.

Patricia et Jacqueline ont une amie coréenne : leur amie retourne à son pays après ses études.

leur : 형태가 같아도 이들을 다음과 같이 쉽게 구분할 수 있다.

간접목적보어 대명사(COI) leur는 동사 앞에서,소유형용사(AP) leur는 명사 앞에서 사용된다.

Ils leur donnent une maison.
(COI) 동사

Leur chat est mignon.
(AP) 명사

다. 다음 보기처럼 소유 형용사 leur 또는 leurs를 사용하여 답하세요.

[보기] Le stylo est à Sylvie ? - Oui, c'est son stylo.

1 - La maison est à M. et Mme Noa ?

- Oui, ______________________________

2) - L'appartement est à M. Pierre et à son épouse ?

- Non ______________________________

3) - Les enfants de M. et Mme Dubois sont en France ?

- Oui, ______________________________

라. 다음 빈 칸에 lui, leur, leurs 중 알맞은 것을 골라 넣으세요.

Paul et Pierre vont à Séoul avec __________ copines, Seoyoung et Sujin. Ils y rencontrent __________ ami, Doyoung. Ce dernier les invite chez __________ et il __________ offre quatre tickets de métro. En le remerciant, Paul et Pierre __________ donnent un paquet de biscuits français.

3. 부정 의문문에 대한 두 가지의 대답

A: Tu ne viens pas à la fête, Liliane ?

B: Non, je n'y vais pas.

B: Si, j'y vais.

« Jean ne vient pas ce soir ? »

마. 다음 부정 의문문에 non 또는 si를 사용하여 답하세요.

1) - Tu ne vas pas au cinéma ?

- ______________, demain.

2) - Tu n'es pas Sylvie ?

- ______________, c'est moi.

- ______________, désolée, je suis Céline.

3) - Tu ne regardes pas l'émission sur les tigres ?

- ______________, je la regarde.

4. 전치사 + 강세 인칭대명사

pronoms toniques (복습)	
moi	nous
toi	vous
lui	eux
elle	elles

Nous venons chez eux.

Elle part avec lui.

Ce cadeau, c'est pour toi.

Tu viens chez elles ce samedi ?

Je pense à vous.

바. 다음 빈 칸에 알맞은 강세 인칭대명사를 넣으세요.

J'ai confiance en ____________ : Elodie et Danielle sont mes vraies amies.

Pierre et Marie arrivent tout de suite. Tu veux déjeuner avec ____________ ?

Mes amis français habitent à Séoul. Tu peux aller les voir chez ____________.

사. 다음 빈 칸에 알맞은 단어를 넣으세요.

1) une bouteille ____________ huile

2) une carafe ____________ eau

3) un verre ____________ lait

4) une tasse ____________ café

5) une bolée ____________ cidre

7) un pichet ____________ vin

8) une tasse ____________ chocolat

5. 시간 표현

Demander l'heure et répondre de deux façons	
Quelle heure est-il ? Quelle heure il est ? Il est quelle heure ? Vous avez l'heure ?	Il est ... 1) l'heure officielle 2) l'heure familière

1) 공공 시간(l'heure officielle) : 공공 장소에서 사용한다.

1 : 00	2 : 05	3 : 10
Il est une heure.	Il est deux heures cinq.	Il est trois heures dix.

4 : 15	5 : 20
Il est quatre heures quinze.	Il est cinq heures vingt.

6 : 25	7 : 30
Il est six heures vingt-cinq.	Il est sept heures trente.

8 : 35	9 : 45
Il est huit heures trente-cinq.	Il est neuf heures quarante-cinq.

10 : 50	11 : 55
Il est dix heures cinquante.	Il est onze heures cinquante-cinq.

12 : 00	13 : 38
Il est douze heures.	Il est treize heures trente-huit.

17 : 27	19 : 40
Il est dix-sept heures vingt-sept.	Il est dix-neuf heures quarante.

2) 일상생활 시간(l'heure familière) : 친분이 있는 사람들과 사용한다.

6 : 00	Il est six heures du matin.
16 : 00	Il est 4 heures de l'après-midi.
19 : 00	Il est 7 heures du soir.

Il est 12 heures. ⇨ Il est midi.

Il est 13 heures. ⇨ Il est 1 heure (de l'après-midi).

Il est 22 heures. ⇨ Il est 10 heures (du soir).

00 : 00 ⇨ Il est minuit.

« Il est dix heures dix. »

1 : 00	2 : 05	3 : 10
Il est une heure.	Il est deux heures cinq.	Il est trois heures dix.

4 : 15	5 : 20
Il est quatre heures et quart.	Il est cinq heures vingt.
6 : 30	**7 : 35**
Il est six heures et demie.	Il est huit heures moins vingt-cinq.
8 : 45	**9 : 50**
Il est neuf heures moins le quart.	Il est dix heures moins dix.
10 : 55	**12 : 00**
Il est onze heures moins cinq.	Il est midi. / Il est minuit.

12 : 07	12 : 40
Il est midi sept.	Il est une heure moins vingt (de l'après-midi).

13 : 45	Il est deux heures moins le quart (de l'après-midi).

8 : 45 시간 바로 읽기	Il est huit heures quarante cinq. (l'heure officielle) Il est neuf heures moins le quart. (l'heure familière) Il est ~~huit heures trois quarts~~. (×) Il est ~~neuf heures moins quinze~~. (×) Il est ~~neuf heures moins quart~~. (×) Il est ~~neuf heures et moins quart~~. (×)

l'heure officielle 중 잘못된 표현	Il est ~~treize heures et quart~~. (×) Il est ~~quatorze heures et demie~~. (×) Il est ~~huit heures trois quarts~~. (×) Il est ~~neuf heures moins quinze~~. (×) Il est ~~neuf heures moins quart~~. (×) Il est ~~neuf heures et moins quart~~. (×)
l'heure familière 중 잘못된 표현	Il est ~~trois heures quinze de l'après-midi~~. (×) Il est ~~quatre heures et demie de l'après-midi~~. (×) Il est ~~six heures quarante du matin~~. (×) Il est ~~sept heures quarante-cinq du soir~~. (×) Il est ~~neuf heures cinquante du soir~~. (×)

아. 다음 시간을 두 가지 방법으로 써 넣으세요.

7:20

1) Il est ______________________

2) Il est ______________________

11:55

1) Il est ______________________

2) Il est ______________________

2:30

1) Il est ______________________

2) Il est ______________________

10:40

1) Il est ______________________

2) Il est ______________________

12:45

1) Il est ______________________

2) Il est ______________________

9:15

1) Il est ______________________

2) Il est ______________________

21:26

1) Il est ______________________

2) Il est ______________________

19:47

1) Il est ______________________

2) Il est ______________________

les mois de l'année

janvier, février, mars, avril, mai, juin, juillet,
août, septembre, octobre, novembre, décembre

les fêtes en France

1er janvier (le Nouvel An)	lundi de Pâques	1er mai (la fête du Travail)
8 mai (la fin de la Seconde Guerre Mondiale)		jeudi de l'Ascension
14 juillet (la fête nationale)	15 août (l'Assomption)	1er novembre (la Toussaint)
11 novembre (la fin de la Première Guerre Mondiale)		25 décembre (Noël)

Ces fêtes sont fériées. Mais *la fête des mères* et *la fête des pères*, ainsi que les deux nouvelles, *la fête des grands-mères* et *la fête des grands-pères* ne sont pas des jours fériés : elles tombent sur un dimanche.

자. 다음 한국어에 대응하는 축일을 위에서 찾아 넣으세요.

1) 설날 : ______________________

2) 부활절 : ______________________

3) 노동절 : ______________________

4) 국민축일(혁명기념일) : ______________________

5) 몽소승천절 : ______________________

6) 만성절 : ______________________

7) 성탄절 : ______________________

8) 제 2차 세계대전 종전 기념일 : ______________________

차. 다음의 한국 기념일들을 프랑스 친구에게 설명해주세요.

les fêtes nationales coréennes
le Nouvel An, le Nouvel An lunaire, le Jour du Mouvement pour l'Indépendance, le Jour des arbres, le Jour des enfants, le Jour de Bouddha, le Jour de la Commémoration des morts pour la patrie, le Jour de la Constitution, le Jour de l'Indépendance, (la fête du) Chuseok, la Fête nationale, le Jour du Hangul, Noël

« C'est Noël. »

제 14과 물건 구매하기

♧ **다음은 Festival 14과 내용입니다. 한국어 문장을 프랑스어로 쓰세요.**

1) Alix : Allez ! Allez ! 8시 45분이야. 9시에 가게 문을 열잖아. 세일 첫 날이라 늦고 싶지 않아.
Sarah : 나도 그래. 난 겨울 바지가 필요해.
Aziza : 나, 150 유로 있는데, 그게 전부거든. 어디로 가지?
Alix et Sarah : 백화점으로.
Aziza : Oui, 근데 거긴 작은 가게들보다 더 비싸.
Alix : C'est moins 50% aujourd'hui.

2) Alix : Sarah, 이 빨간 바지 봐봐. 40이네. 이거 네 사이즈잖아.
Sarah : 난 회색이 더 좋아. 빨간색보다 더 세련되고 덜 비싸네! 39유로 밖에 안하네! 나 이거 할래.
Aziza : 다들 여기로 와봐. 구두가 50유로야.
Sarah : 난 굽 있는 구두가 좋아. 이 구두 멋지다. 이거 나랑 잘 어울리네. 어때?
Aziza : Bof ! 난 단화가 더 좋아.
Sarah : C'est moins élégant.
Aziza : 이 가죽 부츠들을 봐. 겨울용으로 안성맞춤이다. 100유로, 이거 살래.

3) Aziza : 안녕하세요. 이 부츠를 신어볼 수 있을까요?
La vendeuse : 치수가 어떻게 되시죠?
Aziza : 37이에요.
La vendeuse : 어떤 색깔을 원하세요? 검은색, 갈색, 빨간색?
Aziza : Euh... noire, ou, rouge. Euh... 두 켤레 다 신어볼 수 있을까요?
La vendeuse : 당연하죠. 가져올게요.
Sarah et Alix : 그럼, Aziza, 정확히 2시에 카페테리아에서 다시 만날까?
Aziza : D'accord.
Sarah et Alix : 이따가 만나. 돈 다 쓰지 말구!

출처: S. Poisson-Quinton et ali.(2005), *Festival* 1, p.78.

14과 목표

1. 비교급　　2. Moi aussi / Moi non plus　　3. 지시형용사　　4. 지시대명사 ça

1. 비교급(le comparatif)

plus ... que, aussi ... que, moins ... que를 사용하여 형용사 또는 부사를 비교한다.

plus aussi moins	+	adjectif adverbe	+	que

1) 형용사의 비교

우등 비교: Léo est plus grand que sa sœur Emilie.

동등 비교: Léo est aussi grand que David.

열등 비교: Emilie est moins grande que Léo.

형용사는 수식하는 명사와 대명사의 성·수에 일치시킨다.

Chez nous, la salle à manger est plus **petite** que le salon.

Mes enfants sont plus **actifs** que Paul.

2) 부사의 비교

우등 비교: Julie court plus vite que sa sœur Sophie.

동등 비교: Julie court aussi vite que Sylvie.

열등 비교: Sophie court moins vite que Julie.

부사는 형태가 변하지 않는다.

« Mon papa marche plus vite que moi. »

3) bon과 bien의 비교는 plus que를 사용하지 않는다.

bon	⇨	meilleur, meilleure, meilleurs, meilleures	que
bien	⇨	mieux	

가. 다음 보기처럼 제시된 표시대로 형용사를 비교하는 문장을 만들어 넣으세요.

[보기] Julien est (petit) que Paul. (+) ⇨ Julien est plus petit que Paul.
Céline est (grand) que Pierre. (-) ⇨ Céline est moins grande que Paul.

1) Anne est (intelligent) que Pierre. (+)

⇨ ______________________________

3) Le gâteau est (bon) que la glace. (-)

⇨ ______________________________

4) La robe blanche est (cher) que la noire. (-)

⇨ ______________________________

5) Annie est (mauvais) que moi en mathématiques. (-)

⇨ ______________________________

6) Les légumes sont (bon) pour la santé que les fruits. (+)

⇨ ______________________________

나. 다음 괄호에서 제시된 표시대로 형용사를 비교하는 문장을 만들어 넣으세요.

1) Doyoung a 23 ans et Fiona a 28 ans. (+ âgé)

⇨ ______________________________

2) Il fait 20 degrés à Barcelone et il fait -2 degrés à Séoul. (+ froid)

⇨ ______________________________

3) J'ai une pomme de 40 g et une poire de 120 g. (- lourd)

⇨ ______________________________

4) La fac est à 5 km d'ici et le cinéma est à 7 km. (+ loin)

⇨ ______________________________

5) Le mont Halla est de 1950 m. et le mont Baikdu est de 2744 m. (- haut)

⇨ ______________________________

6) Une baleine pèse 40 tonnes et un dauphin 900 kg. (+ léger)

⇨ ______________________________

7) Julie a 11 ans et Hariette a 8 ans. (+ jeune)

⇨ ______________________________

« Moi, dauphin, je ne suis pas lourd ! »

2. Moi aussi / moi non plus

J'aime faire du sport. 긍정 표현에 동조하는 경우 ⇨ Moi aussi, (j'aime ça).	Je n'aime pas cette robe. 부정 표현에 동조하는 경우 ⇨ Moi non plus, (je n'aime pas ça).

대명사 le, la, l', les, lui, leur와 부사 y (복습)

1) le, la, l', les

J'apprends le français. ⇨ Je l'apprends. (le = le français)

Je rencontre Emma au cinéma. ⇨ Je la rencontre au cinéma. (la= Emma)

J'aime ton cousin Jacques. ⇨ Je l'aime. (l'= Jacques)

Thomas achète ces livres. ⇨ Thomas les achète. (les = ces livres)

2) lui, leur

Mon professeur parle à Pierre avec affection.

⇨ Il lui parle avec amour. (lui = à Pierre)

Tes parents donnent souvent à mes enfants de l'argent de poche.

⇨ Ils leur donnent de l'argent de poche. (leur = à mes enfants)

3) y

- Je vais au cinéma, tu viens avec moi ?

- Oui, j'y vais. (y = au cinéma)

다. 다음 밑줄 친 부분에 대한 알맞은 대명사나 장소부사를 넣으세요.

1) - Sylvie demande <u>le chemin</u> <u>à Pierre</u> ?

- Non, ______________________________

2) - Vous envoyez <u>ces cadeaux</u> <u>à vos parents</u> ?

- Oui, ______________________________

3) - Céline prête souvent <u>sa voiture</u> <u>à sa sœur</u> ?

- Non, ______________________________

4) - Tu vas montrer <u>tes photos</u> <u>à tes frères</u> ?

- Oui, ______________________________

5) - Vous emmenez <u>vos amies</u> <u>à la gare</u> ?

- Non, ______________________________

6) - Pierre se rend <u>à Paris</u> la semaine prochaine ?

- Oui, ______________________________

« Je suis déjà à Paris. Et Pierre ? »

3. 지시형용사(l'adjectif démonstratif)

<table>
<tr><td rowspan="2">단수</td><td>ce + 남성 단수명사*</td><td rowspan="2">cette + 여성 단수명사</td></tr>
<tr><td>* cet + 모음 또는 무음 h로 시작하는 남성 단수명사</td></tr>
<tr><td>복수</td><td colspan="2">ces + 모든 복수명사</td></tr>
</table>

Ce cours d'initiation à la cuisine française est très facile à suivre.

Ces hommes et ces femmes de cette entreprise travaillent beaucoup.

Ce matin, les enfants partent très tôt pour leur école.

~~Ce hiver~~ est rude. (×) ⇨ Cet hiver est rude.

~~Ce homme~~ s'appelle Laurent Kim. (×) ⇨ Cet homme s'appelle Laurent Kim.

라. 다음 빈 칸에 알맞은 지시형용사를 넣으세요.

1) Tu vois bien __________ immeuble ?

2) __________ travail n'est pas important.

3) J'ai une amie italienne. __________ amie est vraiment adorable.

4) Tu veux vraiment laisser __________ documents chez moi ?

5) Je n'aime pas __________ acteur.

6) __________ année, il va faire très chaud.

7) Tu vas en France __________ été ?

8) Oh non, Pierre, il faut t'occuper de __________ enfants !

9) __________ université soutient énormément les étudiants dynamiques.

마. 다음 괄호 안의 두 형태 중 알맞은 것을 선택하세요.

1) Je vois Nadège, (ces / ses) enfants sont déjà au collège.

2) Vous allez voir les Kuhn ? Moi, je n'aime pas (ces / ses) gens-là !

3) J'adore Martin Wincler, tu as tous (ces / ses) livres ?

4) (Ces / Ses) robes bleues près de la vitrine, elles sont vraiment jolies. Je les achète.

5) Gilberte va retrouver (ces / ses) copines, je parle de Sylvie et Sophie.

6) J'aime (ces / ses) plats méditerranéens : je préfère la cuisine française.

7) Tu connais Myriam ? (Ces / Ses) filles sont très intelligentes.

8) Céline a des amis adorables ; (ces / ses) amis travaillent chez Google.

9) Les Etats-Unis et le Mexique, (ces / ses) pays m'attirent beaucoup.

10) Tu vois des voitures Renault là-bas ? (Ces / Ses) voitures ne sont pas chères.

4. 지시 대명사 ça

Cela의 입말체 표현으로 명사나 동사를 대신하는 대명사이다.

- J'aime beaucoup ce manteau.
- Ah oui ? Tu aimes ça ?
- Ça coûte combien ?
- Tu veux vraiment acheter ça ?

바. 다음 형용사의 알맞은 여성 형태를 넣으세요.

1) vert ⇨ ____________________ 2) bleu ⇨ ____________________

3) jaune ⇨ ____________________ 4) rouge ⇨ ____________________

5) noir ⇨ ____________________ 6) orange ⇨ ____________________

7) gris ⇨ ____________________ 8) blanc ⇨ ____________________

9) rose ⇨ ____________________ 10) marron ⇨ ____________________

11) argenté ⇨ ____________________ 12) doré ⇨ ____________________

13) beige ⇨ ____________________ 14) violet ⇨ ____________________

15) clair ⇨ ____________________ 16) émeraude ⇨ ____________________

17) foncé ⇨ ____________________ 18) vif ⇨ ____________________

19) kaki ⇨ ____________________ 20) pâle ⇨ ____________________

사. 다음 보기처럼 한국어 단어에 해당하는 프랑스어 단어를 지시형용사와 함께 쓰세요.

[보기] 장갑 : ces gants

1) 목도리 : ____________________

2) 머플러 : ____________________

3) 가방 : ____________________

4) 스웨터 : ____________________

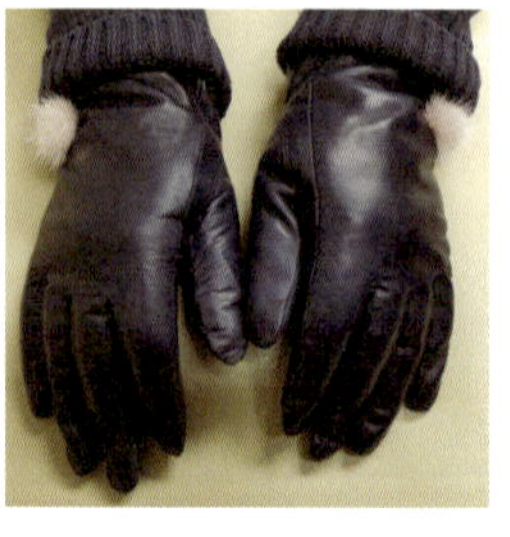

♧ **les soldes**[1]

Il y a deux périodes de soldes en France : au début du mois de juillet et au debut du mois de janvier.

아. 다음 문장을 프랑스어로 쓰세요.

1) 가장 비싼 원피스는 어떤 것인가요?

⇨ ______________________________

2) 옷 사이즈가 어떻게 되죠?

⇨ ______________________________

3) 실비의 옷 사이즈는 40입니다.

⇨ ______________________________

4) 이 가방 어때요? 오늘 이건 반값이에요.

⇨ ______________________________

5) 비싸지 않네요.

⇨ ______________________________

6) 이 바지가 당신에게 잘 어울리네요.

⇨ ______________________________

1 S. Poisson-Quinton et ali.(2005), *Festival*, p.78과 p.81 참조.

제 15과 Open Tour를 타고 파리 구경하기

♧ 다음은 Festival 15과 내용입니다. 한국어 문장을 프랑스어로 쓰세요.

- Prenez l'Open Tour. C'est génial et c'est facile ! 1일 또는 2일 패스를 사세요. 구입하신 패스권 조심하시구요. 잘 지니고 다니시고 잃어버리지 마세요. 버스에서 검표가 있어요.
- 어디에서 패스권을 사죠?
- 호텔에 문의하시거나 버스에서 구입하세요.
- Et après comment ça marche ?
- 버스 2층으로 올라가서 버스가 이동하는 동안 프랑스어와 영어 안내 설명을 들으세요. 이 투어는 파리를 볼 수 있는 정말 좋은 방법이라 생각해요. 여러분은 원하는 시간에 내리고, 원하는 장소에 들를 수 있어요. 골목을 걸어 산책해 보세요. 박물관, 공원에도 가고, 카페 테라스에서 한 잔 할 수도 있죠. Et ensuite, hop ! 그 다음 정거장에서 버스를 다시 탈 수 있어요.
- Et ça marche tout le temps ? Tous les jours ? ...
- Oui, sept jours sur sept, toute l'année. De janvier à décembre !
- Et l'Open Tour va où, dans Paris ?
- 관광객들이 선호하는 여정은 물론 '그랑 투어'에요. 두 시간이 걸려요. 주요 명소들을 볼 수 있죠. On part de la Madeleine, on passe par l'avenue de l'Opéra, le Louvre, Notre-Dame, Saint-Germain-des-Prés, le Musée d'Orsay, les Champs-Élysées, le Trocadéro, la tour Eiffel et on arrive aux Invalides...

출처: S. Poisson-Quinton et ali.(2005), *Festival* 1, p.82.

15과 목표

1. 대명동사
2. 명령법 문장과 대명사
3. 형용사 tout
4. 의문사 où, quand

« un car de l'OPEN TOUR »

1. 대명동사

동사의 본래 형태가 대명사+동사로 구성되어 있다.

1-1. 본래 동사가 타동사로 직접목적보어 대명사, 간접목적보어 대명사를 가지는 경우

laver le linge	promener un chien	arrêter le voleur
se laver[2]	se promener	s'arrêter

Tu te lèves de bonne heure ?

Sophie se promène dans la forêt tous les jours.

Juliette se lave les mains.

vendre une voiture	trouver une maison	appeler Pierre
se vendre[3]	se trouver	s'appeler

Ces livres se vendent bien.

Où se trouvent les toilettes ?

Mon copain s'appelle Julien.

rencontrer 人	aimer 人	parler à 人
se rencontrer[4]	s'aimer	se parler

Paul et Sophie se rencontrent par hasard dans la rue.

Pierre et son fils s'aiment beaucoup l'un et l'autre.

Sylvie et sa mère ne se parlent plus depuis deux ans.

2 프랑스 문법에서 '대명동사의 재귀적 용법'이라고 한다.
3 프랑스 문법에서 '대명동사의 수동적 용법'이라고 한다.
4 프랑스 문법에서 '대명동사의 상호적 용법'이라고 한다.

1-2. 대명동사로만 존재하는 경우

대명사 se 없이는 독립적인 동사로 존재하지 않는다.

se souvenir (de) : Je me souviens de cette vieille chanson.
se méfier (de) : Je me méfie de ses promesses.
s'en aller : Je m'en vais !

가. 다음 빈 칸에 동사 s'arrêter의 알맞은 형태를 넣으세요.

1) Je ______________ devant chez Pierre.

2) Tu ______________ tout de suite !

3) Pierre ______________ de travailler.

4) Anne ______________ de manger.

5) Nous ______________ à l'arrêt de bus.

6) Vous ______________ à Paris ?

7) Paul et Pierre ______________ pour le café.

8) Virgil et Manu ______________ pour demander des renseignements.

en + 12개월 표현			
en janvier,	en février,	en mars,	en avril,
en mai,	en juin,	en juillet,	en août,
en septembre,	en octobre,	en novembre,	en décembre

나. 다음 괄호 안의 동사를 알맞은 형태로 넣으세요.

1) Juliette (se lever) très tôt ? ⇨ ______________________________

2) Vous (se réveiller) tard ? ⇨ ______________________________

3) Les enfants (s'habiller) rapidement ? ⇨ ______________________________

4) Eric et sa mère (ne pas se voir) souvent. ⇨ ______________________________

5) Tu (se promener) au jardin du Luxembourg ? ⇨ ______________________________

6) On (s'aimer) toujours beaucoup. ⇨ ______________________________

7) Je (se reposer) bien au bord de la mer. ⇨ ______________________________

8) Nous (se préparer) en 5 minutes. ⇨ ______________________________

9) Mes enfants (se coucher) tard. ⇨ ______________________________

10) Aurélie (se maquiller) tous les jours ? ⇨ ______________________________

2. 명령법 문장과 대명사

일반문장		명령법 문장 (복습)
Sujet + Verbe + ...	⇨	~~(Sujet)~~ Verbe + ...
Tu prends le bus 228.	⇨	Prends le bus 228.
Nous faisons un gâteau ce soir.	⇨	Faisons un gâteau ce soir.
Vous travaillez le matin très tôt.	⇨	Travaillez le matin très tôt.

2-1. 간접목적보어 대명사 / 직접목적보어 대명사와 함께 긍정 명령법 문장 만들기

Tu me donnes ce cadeau. (me= à moi)

⇨ Tu me le donnes. (le= ce cadeau)

⇨ ~~(Sujet)~~ V : ~~Tu~~ me le donnes.

⇨ <u>Me le donnes</u>. (×)

⇨ <u>Me le</u> donne. (×)

⇨ Donne-le-moi !

2-2. 간접목적보어 대명사 / 직접목적보어 대명사와 함께 부정 명령법 문장 만들기

Tu ne me donnes pas ce cadeau. (me= à moi)

⇨ Tu ne me le donnes. (le= ce cadeau)

⇨ ~~(Sujet)~~ V : ~~Tu~~ ne me <u>donnes</u> pas ce cadeau. (×)

⇨ Ne me le donne pas !

다. 다음 문장을 직접목적보어 대명사, 간접목적보어 대명사 또는 장소부사를 사용하여 명령법 문장으로 만드세요.

1) Tu montes les escaliers pour voir le directeur de l'établissement.

⇨ ______________________________

2) Vous traversez la grande place pour aller au Louvre.

⇨ ______________________________

3) Tu cherches le bâtiment ABC.

⇨ ______________________________

4) Vous demandez aux gardiens le plan de l'exposition de Renoir.

⇨ ______________________________

라. 다음 문장을 직접목적보어 대명사, 간접목적보어 대명사 또는 장소부사를 사용하여 명령법 문장으로 만드세요.

1) Tu ne mets pas les cadeaux pour tes enfants.

⇨ ______________________________

2) Vous ne faites pas souvent le ménage.

⇨ ______________________________

3) Tu ne me parles pas très fort.

⇨ ______________________________

4) Nous n'allons pas à la fête du cinéma.

⇨ ______________________________

5) Vous ne prenez pas le petit déjeuner si tard.

⇨ ______________________________

« Faisons le ménage assez souvent. »

3. 형용사 tout

형용사 tout는 함께 사용되는 명사의 남성 · 여성, 단수 · 복수에 따라 형태가 변한다.

형용사 tout	남성 명사와 함께	여성 명사와 함께
단수	tout le monde	toute la famille
복수	tous les étudiants	toutes les lycéennes

형용사 tout는 다른 형용사들과 달리 한정사[5] 보다 앞에 위치한다.

Tout + 정관사 + 명사: tout le monde, toute la famille, tous les gens

Tout + 소유 형용사 + 명사: tous mes amis,

Tout + 지시 형용사 + 명사: tout ce temps-là

마. 다음 빈 칸에 형용사 tout의 알맞은 형태를 넣으세요.

1) Tu fais du sport ____________ les trois jours ?

2) Vous faites une promenade ____________ les matins ?

3) J'ai travaillé ____________ la nuit.

4) ____________ mes amies ne travaillent pas ce soir.

5) ____________ ces étudiantes s'inscrivent en licence.

5 명사를 한정하는 관사, 소유형용사, 지시형용사 등을 포함하는 문법 용어이다.

4. 의문사 où, quand

« la cathédrale de Notre-Dame de Paris »

4-1. 장소 의문사 où

Tu vas où ?

Vous allez où vous voulez.

4-2. 시간 의문사 quand

- Vous visitez le musée du Louvre quand ?
- Je le visite quand je veux.

바. 의문사 où, quand 을 사용하여 다음 대답에 알맞은 질문을 넣으세요.

1) ____

⇨ Dans 10 jours.

2) ____

⇨ Je vais en Espagne avec mes amis.

3) ____

⇨ Nous sommes chez Sylvie.

4) ____

⇨ Mon anniversaire est le mois prochain, et Céline et vous êtes invités.

사. 다음 파리 명소들의 위치를 아래의 지도에 표시하고 위치를 확인하세요.

1) le musée du Louvre
2) l'Opéra Garnier
3) la cathédrale Notre-Dame de Paris
4) Saint-Germain-des-Prés
5) le musée d'Orsay
6) le Trocadéro
7) l'avenue des Champs-Élysées
8) la tour Eiffel
9) les Invalides
10) l'Opéra-Bastille

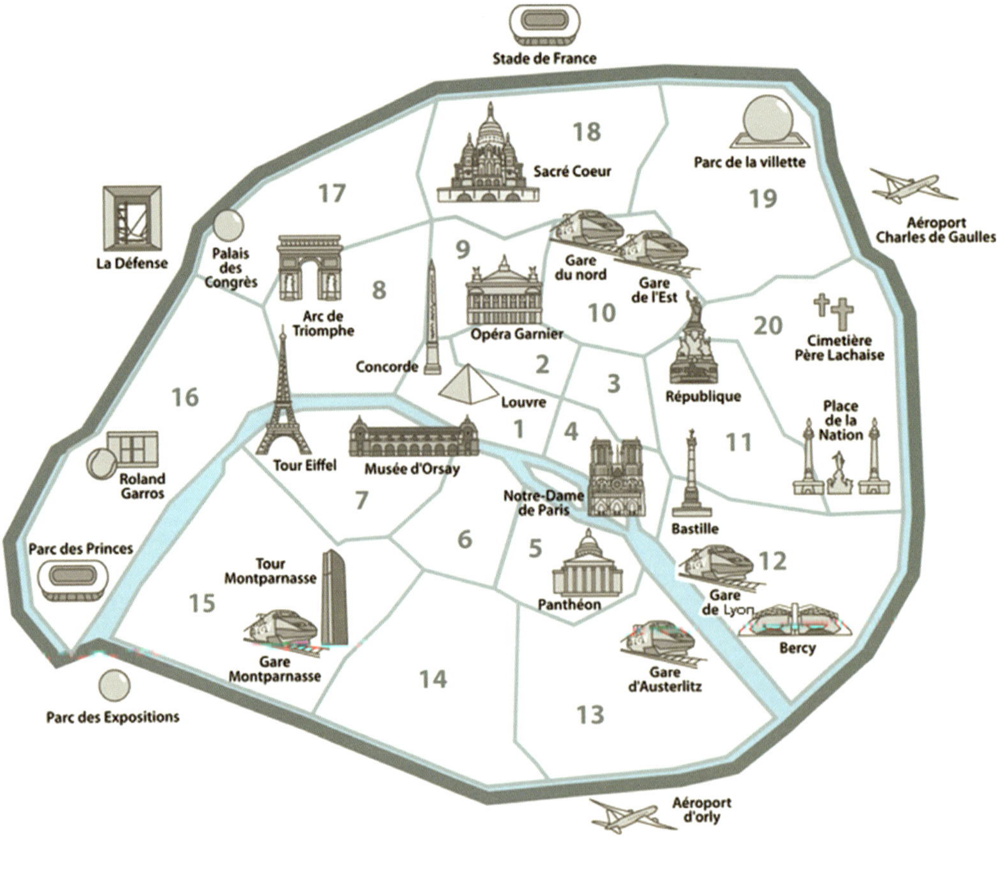

아. Open Tour의 인터넷 사이트[6]를 검색하여 프랑스어를 모르는 한국 친구에게 4개 노선의 특징을 설명하고, 아래의 파리 지도에 그 노선을 표시하세요.

1) ______________________________

2) ______________________________

3) ______________________________

4) ______________________________

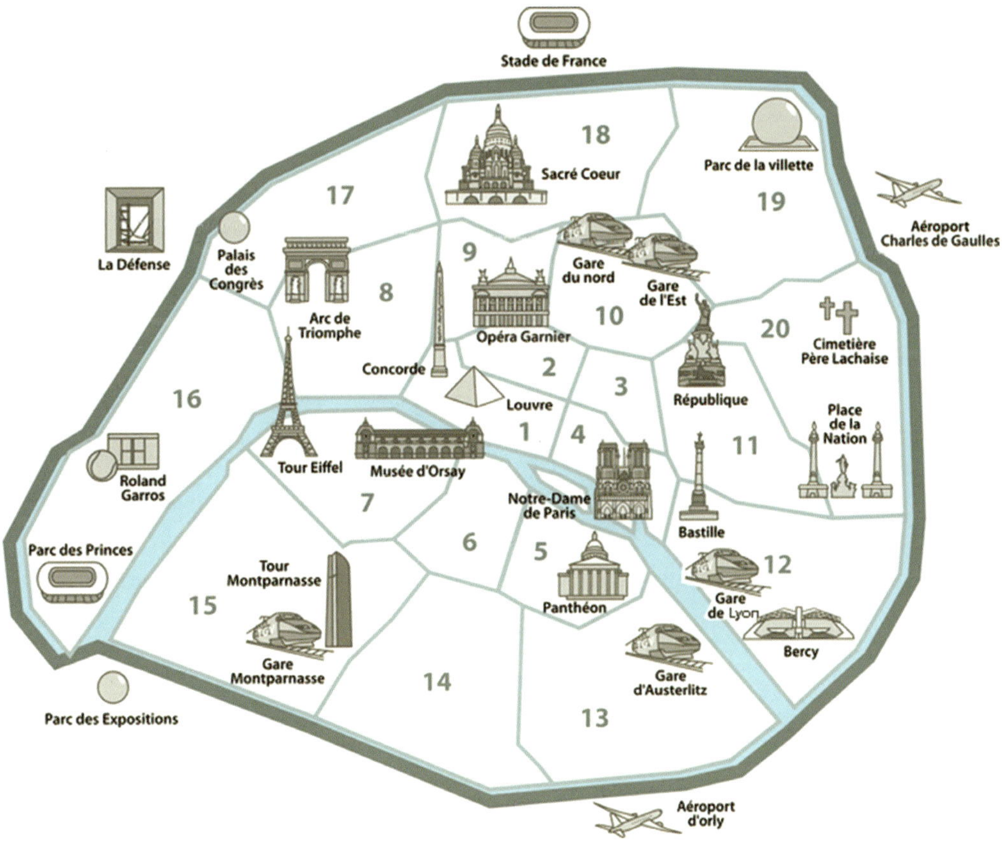

6 http://www.parisinfo.com/visites-guidees/74277/L-Open-Tour-Paris 참조.

제 16과 계획 말하기

♧ 다음은 Festival 16과 내용입니다. 한국어 문장을 프랑스어로 쓰세요.

À la télévision...

Le présentateur : Bonjour Mesdames, bonsoir Messieurs. Merci, merci. Vous êtes avec nous ce soir, sur TF1, pour la finale de « la Roue de la Chance ». Nous avons deux candidats finalistes : Dany et Claude, très, très sympathiques. 제가 게임 법칙을 다시 알려드릴게요. 제가 질문을 하구요. 가장 빨리 대답한 사람이 행운의 바퀴를 돌릴 거에요. Alors !... il ou elle gagnera 10 000, 20 000, 50 000 euros ou rien ! C'est compris ? Vous êtes prêts ? C'est parti. 대한민국 수도의 이름은 무엇입니까?

Dany : Séoul.

Le présentateur : 축하해요. Dany가 가장 빨랐네요. 당연히 서울이죠. Dany, 이리로 오세요. 만족하시죠?

Dany : Oh oui ! C'est formidable.

Le présentateur : 잠시만요. 아직 끝나지 않았어요. Dany, 50000 유로를 획득한다면, 뭘 하실거죠?

Dany : 저는 먼저, 차를 바꿀거구요. 그 다음엔 여행할거에요. 엔틸리스 제도에서 가장 멋진 호텔로 바캉스를 갈 거에요. 제 가족 모두가 거기에 있어요...

Le présentateur : Alors, bonne chance. Le vrai suspense, c'est maintenant. Dany, vous tournez cette roue. Allez-y, encore, plus fort. Ça y est, elle tourne, elle tourne ... et elle s'arrête sur ...

Dany : Oh ! 50000 euros ! Oh ! 믿을 수가 없어요! 제 인생에서 가장 멋진 날이에요.

Le présentateur : Dany, 축하해요. 우리도 너무 기쁘네요. 이 수표를 보세요. 당신의 모든 꿈이 현실이 되었네요! Allez, on applaudit Dany très fort. Nous la retrouverons à son retour des Antilles. Bonsoir et merci de votre fidélité.

출처: S. Poisson-Quinton et ali.(2005), *Festival* 1, p.82.

16 과 목표

1. 동사 시제 : 단순미래
2. 조건을 위한 표현
3. 최상급

1. 동사 시제 : 단순미래

단순미래는 화자가 일어날 수 있는 일 또는 생각을 언급할 때 사용한다. 단순미래의 형태는 일반적으로 동사의 원형에 어미 -ai, -as, -a, -ons, -ez, -ont를 덧붙인다.

원형	단순미래 형태		변화 어미	
choisir	je choisirai	nous choisirons	-ai	-ons
	tu choisiras	vous choisirez	-as	-ez
	il choisira	ils choisiront	-a	-ont
	elle choisira	elles choisiront	-a	-ont

원형	단순미래 형태	
parler	je parlerai	nous parlerons
	tu parleras	vous parlerez
	il parlera	ils parleront
	elle parlera	elles parleront

동사 본래 형태 parler의 철자 -er을 /e/로 발음하지만, 단순미래 형태에 사용되는 어근 parler-의 철자 -er은 발음을 하지 않는다.

단순미래 형태 어근의 철자가 달라지는 동사들은 다음과 같다.

1) 규칙동사 jeter, acheter

jeter의 단순미래 형태	
je jetterai	nous jetterons
tu jetteras	vous jetterez
il jettera	ils jetteront
elle jettera	elles jetteront

acheter의 단순미래 형태	
j'achèterai	nous achèterons
tu achèteras	vous achèterez
il achètera	ils achèteront
elle achètera	elles achèteront

2) 불규칙 동사 être, faire, savoir, avoir, venir, aller, pouvoir, vouloir, voir, prendre[7]

être의 단순미래 형태 : ser-	
je serai	nous serons
tu seras	vous serez
il sera	ils seront
elle sera	elles seront

faire의 단순미래 형태 : fer-	
je ferai	nous ferons
tu feras	vous ferez
il fera	ils feront
elle fera	elles feront

savoir의 단순미래 형태 : saur-	
je saurai	nous saurons
tu sauras	vous saurez
il saura	ils sauront
elle saura	elles sauront

avoir의 단순미래 형태 : aur-	
j'aurai	nous aurons
tu auras	vous aurez
il aura	ils auront
elle aura	elles auront

venir의 단순미래 형태 : viendr-	
je viendrai	nous viendrons
tu viendras	vous viendrez
il viendra	ils viendront
elle viendra	elles viendront

aller의 단순미래 형태 : ir-	
j'irai	nous irons
tu iras	vous irez
il ira	ils iront
elle ira	elles iront

pouvoir의 단순미래 형태 : pourr-	
je pourrai	nous pourrons
tu pourras	vous pourrez
il pourra	ils pourront
elle pourra	elles pourront

vouloir의 단순미래 형태 : voudr-	
je voudrai	nous voudrons
tu voudras	vous voudrez
il voudra	ils voudront
elle voudra	elles voudront

7 devoir : devr-, recevoir : recevr-, tenir : tiendr-, courir : courr-, envoyer : enverr- 등도 있다.

voir의 단순미래 형태 : verr-	
je verrai	nous verrons
tu verras	vous verrez
il verra	ils verront
elle verra	elles verront

prendre의 단순미래 형태 : prendr-[8]	
je prendrai	nous prendrons
tu prendras	vous prendrez
il prendra	ils prendront
elle prendra	elles prendront

2. 조건(la condition)을 위한 표현

Si + Sujet + V (현재 형태), Sujet + V (단순미래 형태)

Si je pars en voyage cet été, j'irai d'abord en Bolivie.

Si vous réussissez au bac, vous ferez quoi ?

Si nous avons du temps libre, nous irons à la mer.

가. 다음 괄호 안의 동사를 알맞은 형태로 넣으세요.

1) Si tu (aimer) cette robe, tu la (prendre) tout de suite.

⇨ ____

2) Si vous (prendre) le bus n° 123, vous (passer) par chez Yvonne.

⇨ ____

3) Si ma tante (partir) en France, tu (venir) chez moi.

⇨ ____

4) Si ma nièce (venir) ici, son ami l'(accompagner) en ville.

⇨ ____

8 mettre : mettr-, descendre : descendr- 등은 동사의 끝 철자 e가 탈락된 어근에 단순미래 변화 어미를 붙인다.

나. 다음 빈 칸에 동사 devenir의 단순미래 형태를 넣으세요.

1) Je __________ professeur.
2) Nous __________ policiers.
3) Que tu __________ plus tard ?
4) Vous __________ médecin dans un an ?
5) Il __________ riche.
6) Ils __________ célèbres.
7) Elle __________ bientôt plus aimable.
8) Les voitures __________ plus performantes en 2030.

다. 다음 빈 칸에 동사 faire의 단순미래 형태를 넣으세요.

1) Je __________ tout.
2) Nous __________ le ménage.
3) Tu __________ la vaisselle ?
4) Vous __________ le pain ?
5) Il __________ son travail.
6) Ils __________ des courses.
7) Elle __________ du ski.
8) Elles __________ du vélo.

라. 다음 빈 칸에 동사 aller의 단순미래 형태를 넣으세요.

1) Je __________ aux Antilles.
2) Nous __________ en France.
3) Tu __________ au Japon.
4) Vous __________ aux Etats-Unis ?
5) Il __________ en Algérie.
6) Ils __________ au Brésil.
7) Elle __________ au Mali.
8) Elles __________ en Iran.

마. 다음 빈 칸에 동사 être의 단순미래 형태를 넣으세요.

1) Je ________ professeure.
2) Nous ________ infirmiers.
3) Tu ________ président.
4) Vous ________ directeurs ?
5) Il ________ médecin.
6) Ils ________ sages.
7) Elle ________ avocate.
8) Elles ________ gentilles.

바. 다음 빈 칸에 동사 savoir의 단순미래 형태를 넣으세요.

1) Je ________ nager.
2) Nous ________ ouvrir cette porte.
3) Tu ________ faire du vélo ?
4) Vous ________ skier ?
5) Il ________ calculer.
6) Ils ________ aller à Séoul.
7) Elle ________ parler russe.
8) Elles ________ conduire.

사. 다음 빈 칸에 동사 avoir의 단순미래 형태를 넣으세요.

1) Je ________ une maison verte.
2) Nous ________ du café.
3) Tu ________ une voiture jaune.
4) Vous ________ des fruits.
5) Il ________ des étudiants.
6) Ils ________ des tickets de bus.
7) Elle ________ une chambre.
8) Elles ________ des livres.

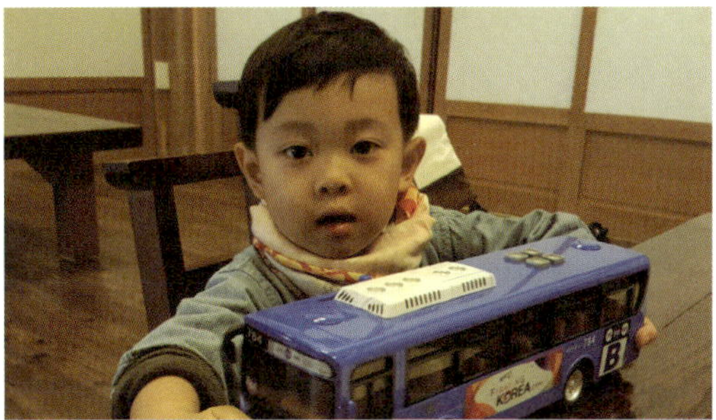

« J'ai un bus bleu. J'aurai bientôt un bus rouge. »

아. 다음 빈 칸에 동사 pouvoir의 단순미래 형태를 넣으세요.

1) Je __________ lire en français. 2) Tu __________ partir plus tôt.

3) Il __________ acheter des voitures. 4) Elle __________ rester toute seule.

5) Nous __________ boire plus. 6) Vous __________ avoir un ordinateur.

7) Ils __________ passer par la ville. 8) Elles __________ monter à la montagne.

자. 다음 빈 칸에 동사 vouloir의 단순미래 형태를 넣으세요.

1) Je __________ partir en France. 2) Tu __________ avoir un travail ?

3) Il __________ aller très loin. 4) Elle __________ ne rien faire.

5) Nous __________ acheter une maison à deux étages.

6) Vous __________ prendre cette place ?

7) Ils __________ faire un exposé. 8) Elles __________ partir en France.

차. 다음 빈 칸에 동사 venir의 단순미래 형태를 넣으세요.

1) Je __________ lundi prochain. 2) Tu __________ la semaine prochaine ?

3) Il __________ nous voir. 4) Elle __________ se vanter.

5) Nous __________ vous voir. 6) Vous __________ voir Sophie.

7) Ils __________ mettre la table. 8) Elles __________ voir ce film.

카. 다음 괄호 안의 동사를 단순미래 형태로 넣으세요.

1) Tout (se passer) bien.

⇨ ______________________________

2) À 5 heures du matin, il n'y (avoir) personne dans la rue.

⇨ ______________________________

3) Nous vous (attendre) à l'entrée de ce bâtiment.

⇨ ______________________________

4) Je (savoir) nager dans un an.

⇨ ______________________________

5) Tu (pouvoir) m'accompagner à l'aéroport ?

⇨ ______________________________

6) Vous (finir) tôt ce soir ?

⇨ ______________________________

7) Cela (prendre) quelques jours.

⇨ ______________________________

8) Dominique (acheter) une robe pour son amie.

⇨ ______________________________

9) Nous (aller) à Paris cet hiver.

⇨ ______________________________

10) Il (faire) chaud demain.

⇨ ______________________________

« En route !!! Nous retournerons dans 15 jours. »

타. 다음 단어들을 알맞게 배열하세요.

1) avec / la / Vous / finale. / soir / nous / pour / ce / êtes

⇨ ____

2) Le / chance. / roue / tournera / la / plus / rapide / la / de

⇨ ____

3) Je / ferai / un / changerai / je / grand / de voiture / et / voyage.

⇨ ____

4) pas / je / Ce / n'est / ne peux pas / croire / possible !, / ça !

⇨ ____

5) retrouverons / à / son / Nous / des / Dany / retour / Antilles.

⇨ ____

« Nous rencontrerons beaucoup de gens partout dans le monde.»

3. 최상급(le superlatif)

형용사의 최상급은 정관사와 함께 사용하고, 정관사는 형용사의 성·수에 일치시킨다.

우등 최상급	le la les	+	plus	+	adjectif	+	(de NOM du groupe)
열등 최상급	le la les	+	moins	+	adjectif	+	(de NOM du groupe)

Paul est le plus petit de sa classe.

Pauline est la plus petite de sa classe.

Marie est la moins gentille de ma famille.

Blanche Neige est la plus belle au monde.

(Blanche Neige est la plus belle des femmes au monde.)

파. 다음 괄호 안의 형용사를 지시하는 최상급으로 만들어 넣으세요.

1) Daniel est (rapide) de sa famille. (열등 최상급)

⇨ ______________________________

2) La Russie est le pays (grand) du monde. (우등 최상급)

⇨ ______________________________

3) Michael est l'homme (riche) et (intelligent) du monde. (우등 최상급)

⇨ ______________________________

♧ bon과 bien의 경우 비교급과 최상급에 사용되는 형태가 따로 있다.

bon과 bien의 비교급과 최상급		
	비교급	최상급
bon (adjectif)	meilleur meilleure meilleurs meilleures + que ~~plus bon que~~ (×) ~~plus bonne que~~ (×) ~~plus bons que~~ (×) ~~plus bonnes que~~ (×)	le meilleur la meilleure les meilleurs les meilleures + (de NOM) ~~le plus bon~~ (×) ~~la plus bonne~~ (×) ~~les plus bons~~ (×) ~~les plus bonnes~~ (×)
bien (adverbe)	mieux + que ~~plus bien que~~ (×)	le mieux + (de NOM) ~~le plus bien~~ (de NOM) (×)

하. 다음 괄호 안의 형용사와 부사를 우등 최상급으로 넣으세요.

1) En gymnastique, Sylvie est (bon) de sa classe.

⇨ ______________________________

2) En Corée, l'automne est (bon) des saisons à mon avis.

⇨ ______________________________

3) Paul Vutton travaille (bien) de son entreprise.

⇨ ______________________________

♧ la télévision et la radio[9]

Il y a plusieurs chaînes de télévision en France : *TF1, France 2, France 3, France 4, France 5, M6, France Ô, Canal +*. Pour la radio, on écoute *France Info, France Inter, France Musique, France Culture, France Bleu* ... Pour en savoir plus, vous pouvez consulter ces sites de référence :

- https://fr.wikipedia.org/wiki/Liste_des_cha%C3%AEnes_de_t%C3%A9l%C3%A9vision_en_France
- https://fr.wikipedia.org/wiki/France_T%C3%A9l%C3%A9visions
- https://fr.wikipedia.org/wiki/Radio_France
- https://www.francetvinfo.fr/

Et vous ? Vous aimez regarder la télévision ou écouter la radio ? Si non, qu'est-ce que vous aimez faire ?

갸. 다음 질문에 대한 답을 윗 글에서 찾아보세요.

1) Quelles sont les chaînes publiques ? ⇨ ____________________

2) Quelles sont les chaînes privées ? ⇨ ____________________

냐. 한국의 TV와 라디오 채널에 대해 프랑스인 친구에게 설명하세요.

____

____

____

____

9 S. Poisson-Quinton et ali.(2005), *Festival* 1, p.89 참조.

제 17과 날씨를 묻고 답하기

♧ 다음은 Festival 17과 내용입니다. 한국어 문장을 프랑스어로 쓰세요.

À la radio…

Hervé : Aujourd'hui, 22 juillet, il est sept heures. Voici nos informations. 하지만 먼저, Bruno Leclerc와 함께 오늘 날씨를 살짝 알아볼까요? Bruno ? 음, 날씨가 안 좋아지고 있다죠?

Bruno : Hé oui, Hervé, 서쪽부터 날씨가 안 좋네요. 비, 바람, 계절에 비해 선선한 기온, 진짜 가을 날씨입니다. Rennes와 Nantes는 16도, Bordeaux는 18도, Biarritz는 19도입니다. C'est peu ! …

Hervé : 그러면 꼬뜨 다쥐르에서는 양산을 써야 할까요? 우산을 써야 할까요?

Bruno : (우산) 안 써도 됩니다. 꼬뜨 다쥐르는 여전히 해가 내리쬘 거니까요. 마르세유는 28도 이고, 니스는 30도로 어제 만큼 날씨가 더울 거에요. 저녁에는 뇌우를 조심하세요.

Hervé : 그 외에 유럽은요? 날씨가 어떨 것 같습니까?

Bruno : Et bien, Hervé, 이탈리아와 스페인을 제외하고는 프랑스 같아요. 이탈리아와 스페인은 날씨가 매우 좋구요. 하지만 북유럽과 서유럽은 비가 오고 꽤 쌀쌀할겁니다.

Hervé : 가까운 시일 안에 날씨가 변할까요?

Bruno : Hélas, hélas, 안 좋은 날씨가 금요일까지 지속 되겠네요. 하지만 조금 기다려 보세요. 이번 주말은 더 더울 거고, 일요일부터는 다시 날이 좋아질 겁니다.

Hervé : Merci, Bruno, on vous retrouve à huit heures pour un nouveau bulletin météo.

출처: S. Poisson-Quinton et ali.(2005), *Festival* 1, p.94.

« On est en automne. »

17 과 목표

1. 비인칭 주어 il의 구문
2. 근접미래

1. 비인칭 주어 il의 구문

비인칭 구문에 사용되는 동사는 3인칭 단수 형태로 변화한다.

1) Il y a ... (복습)

Il y a une personne. Il y a cinq personnes. Il y a Julie. Il y a du monde.
Il y a des maisons vertes sur la colline Planoise à Besançon.

- Qu'est-ce qu'il y a dans la chambre ?
- Il y a un fauteuil, une armoire et un lit.

- Qu'est-ce qu'il y a dans ton sac ?
- Il y a mon portefeuille, mes clés et mon smartphone.

2) 시간 표현 : Il est ...

Il est 9 heures du matin. Il est 9 heures et quart.
Il est 9 heures et demie. Il est 10 heures moins le quart.

3) 날씨 표현 : Il fait ...

- Il fait chaud. Il fait froid. Il fait frais. Il fait bon.
- Il fait beau. Il fait mauvais. Il fait maussade. Il fait humide.
- Il fait un temps magnifique ! Il fait un temps splendide !

날씨를 나타내는 동사 (pleuvoir, neiger, grêler)는 대명사 il과 함께 사용된다.

Il pleut.	Il neige.	Il grêle.
= La pluie tombe.	= La neige tombe.	= La grêle tombe.

4) Il faut + Nom / Verbe

① Il faut + Nom + (à 人)

Il faut de l'argent pour vivre.   Il faut de l'eau pour Pierre.

Il me faut une voiture neuve. (me = à moi)

② Il faut + Verbe

Il faut bien manger pour vivre sainement.

Il faut gagner de l'argent.

가. 다음 질문에 답하세요.

- Qu'est-ce qu'il y a dans votre sac ?

- Dans mon sac, il y a ____

____

____

나. 비인칭 구문을 활용하여 다음 도시의 현재 날씨를 표현하세요.

(인터넷을 참조할 것)

1) À Cheongju, ________________

2) À Marseille, ________________

3) À Tokyo, ________________

4) À Montréal, ________________

« Youpi ! Il y a de la neige ! »

다. 다음 보기에서 알맞은 단어를 골라 빈 칸에 넣으세요.

[보기]	météo	éclater	pleuvoir	éclaircies	de la pluie
	beau	ensoleillée	chaud	froid	la neige

1) Il fait ________ ce matin ; c'est un temps estival. Mais des orages vont ________ cet après-midi, n'oubliez donc pas votre parapluie.

2) Il fait ________ à Moscou en novembre.

« Il grêle. »

3) À Grenoble, il va faire ________, mais dans les Alpes ________ tombera : préparez donc vos skis.

4) - Allô, Mamie, je t'appelle de Nice. La journée est bien ________ ici.

- Tu as de la chance ! Ici, à Mulhouse, il fait très frais et humide.

5) On va écouter le bulletin ________.

« Il y a des nuages. »

« Il fait gris. »

날씨에 대해 묻고 답하기	
A. les questions	B. les réponses possibles ...
Quel temps fait-il ? Il fait quel temps ?	Il fait beau. / Il fait mauvais. ~~Il fait du soleil~~. / Il y a du soleil. ~~Il fait du brouillard~~. / Il y a du brouillard. ~~Il fait du vent~~. / Il y a du vent. Il y a des nuages. / Il y a des orages. Il pleut. / La pluie tombe (à torrents). Il neige. / La neige tombe. Il fait chaud. / Il fait froid. Il fait bon. / Il fait frais. Il fait 27 ° (degrés). La température monte de 10 degrés (10° → 20° (+10°)). Elle descend de 10 degrés (20° → 10° (-10°)). Elle monte à 25 degrés. Elle descend à 15 degrés.

♧ la température ressentie

J'ai chaud.   J'ai froid.

♧ le rhume

Je suis enrhumé.   Je suis enrhumée.

« J'ai froid. »

♧ les saisons en France[10]

Il y a quatre saisons en France : le printemps, l'été, l'automne et l'hiver.

Le printemps : du 20 ou 21 mars (l'équinoxe de printemps) au 20 juin

Au printemps, les feuilles des plantes poussent, les fleurs fleurissent. Le monde renaît avec verdure et vivacité. On aime bien se promener dans les forêts avec des amis.

L'été : du 21 juin (le solstice d'été) au 21 septembre

En été, la température augmente jusqu'à 30°, parfois même 35°. En ce moment il fait également très chaud dans beaucoup de villes et de campagnes en France.

L'automne : du 22 septembre (l'équinoxe d'automne) au 20 décembre

En automne, il fait frais. Les feuilles sont très belles à regarder : elles changent de couleur. Mais les feuilles tombent à la pelle. On entend très souvent dans la rue la chanson d'Yves Montand, « les feuilles mortes ».

L'hiver : du 21 décembre (le solstice d'hiver) au 20 mars

En hiver, il fait froid. La température chute. La neige tombe : les enfants aiment bien faire des bonhommes de neige. Entre copains on peut faire des batailles de neige. On fait du ski à l'extérieur : le ski alpain ou le ski de fond.

10 S. Poisson-Quinton et ali.(2005), *Festival* 1, p.97 참조.

라. 다음 질문에 답하세요.

1) Quel temps fait-il aujourd'hui ?

⇨ ______________________________

2) Quelle est la température aujourd'hui ?

⇨ ______________________________

3) Quel temps fait-il au printemps en France ?

⇨ ______________________________

4) Quel temps fait-il en été en France ?

⇨ ______________________________

5) Quel temps fait-il en automne en France ?

⇨ ______________________________

6) Quel temps fait-il en hiver en France ?

⇨ ______________________________

7) Racontez quelles saisons existent chez vous ?

⇨ ______________________________

____

마. 다음 지도를 보고, 좋아하는 도시나 지방을 골라 날씨에 대한 이야기를 꾸며 보세요.

2. 근접미래(le futur proche)

근접미래의 형태는 동사 aller의 인칭 변화 형태와 동사 원형으로 만들어진다. 근접미래로 사용되는 동사 aller는 '가다'의 의미를 가지지 않는다.

aller 인칭 변화 형태 + V inf. (inf. = partir)	
je vais partir	nous allons partir
tu vas partir	vous allez partir
il va partir	ils vont partir
elle va partir	elles vont partir

어떤 일이 짧은 시간 내에 이루어 질 것이면 근접미래를, 그렇지 않으면 단순미래를 사용하는 것으로 문법에서 설명하고 있지만, 사실상 어떤 일이 일어날 시간의 길이로 근접미래와 단순미래의 뉘앙스를 구별할 수 없다.

근접미래(le futur proche)	**단순미래(le futur simple)**
근거가 뒷받침된 확실함(certitude)을 나타낸다.	기대, 예상(projection)을 나타낸다.
1) « Papa, tu vas être papy ! » 1a) ??[11] « Papa, tu seras papy ! »	2) « Ne t'inquète pas, papa ! Tu seras papy un jour ! » 2a) ?? « (...) Tu vas être papy un jour ! »

1)은 출산까지 9개월이나 많은 시간이 걸리는 일이지만, 화자의 막연한 기대가 아닌 반드시 일어날 '근거'에 기반을 둔 미래 사실을 표현하기 때문에 단순미래가 아닌 근접미래를 사용한다.

2)는 미래에 가능할 수도 있을 일을 표현하기 때문에 단순미래를 사용한다.

11 부호 ??는 같은 상황에서라면 사용할 수 없을 발화문을 의미한다.

바. 다음 괄호 안의 동사를 근접미래 형태로 넣으세요.

1) Nous (voir) un joli film. ⇨ ____________________

2) Tu (faire) un excellent travail. ⇨ ____________________

3) Je (finir) les exercices. ⇨ ____________________

4) Sophie (acheter) une nouvelle robe. ⇨ ____________________

5) Eric et Manu (partir) sans rien dire. ⇨ ____________________

6) Vous (écrire) une lettre à vos amis. ⇨ ____________________

7) Patricia et Catherine (ouvrir) la fenêtre. ⇨ ____________________

8) Les filles de Manu (se maquiller). ⇨ ____________________

9) Je (se reposer) parce que je suis très fatigué. ⇨ ____________________

10) Tu (se perdre), regarde donc ton plan ! ⇨ ____________________

« Je suis fatigué... Mais, ne vous inquiétez pas, je vais vous joindre tout de suite !!! »

♧ 동사 aller가 본래 동사로 사용된 경우는 '가다'의 의미를 가진다.

A : Où vas-tu ? (어디 가?)

B : Je vais prendre un verre avec une copine. (친구랑 한잔 하러 가.)

제 18과 전화하기

♧ 다음은 Festival 18과 내용입니다. 한국어 문장을 프랑스어로 쓰세요.

1) Gérard : Allô ! Allô ! C'est moi, Gérard.
Marie-Lou : Gérard qui ?
Gérard : Mais enfin, Gérard ! Ton Gérard !
Marie-Lou : 아 너구나! 근데 너 어디야? 너 몇 시인지는 아니?
Gérard : 나 멜버른에서 전화 한거야. 지금 두시네.
Marie-Lou : 멜버른은 그렇겠지만, 여기 파리는 새벽 세시야!
Gérard : Ah bon ? Ça va chez toi ? Tout le monde va bien ?
Marie-Lou : 응 모두 매우 잘 지내. 근데 조금 이따 다시 전화 줄 수 있어? 지금 여기 한밤중이야.
Gérard : Gérard : 정말? 나, 지금 막 점심 먹었어, 그리고...
Marie-Lou : D'accord, d'accord. 나중에 다시 전화 줘. 부탁할게.
Gérard: Tu ne m'aimes plus ? Marie-Lou, tu es loin, loin, loin...
Marie-Lou : Mais si, je t'aime !!

2) Pepe : Allô, bonjour, monsieur. C'est Pepe. Isabelle est là, s'il vous plaît ?
Une voix : 네. 끊지 말아요. Isabelle 바꿔 줄게요. Isabelle, 너 전화다. Pepe야. 빨리! 서둘러, 스페인에서 전화하는거래.
Isabelle : J'arrive, j'arrive... Allô, Pepe ? Comment vas-tu ?
Pepe : Bon anniversaire, Isabelle !
Isabelle : Merci, c'est vraiment gentil.
Pepe : 밥 먹니? 아. 지금 식사 중이구나! 미안!
Isabelle : Ben oui, 너도 알다시피, 프랑스에서는 8시에 저녁을 먹잖아. 거기는 더 늦게 저녁을 먹지만 말야. 너 어디서 전화하는 거야?
Pepe : 나 사무실이야.
Isabelle : Quoi ?! 아직 거기에 있어?! 여덟시인데... 늦게 끝나는 구나!
Pepe : 응, 근데 나 이제 나가려고. 바로 집으로 갈거야. Pedro와 Iñes가 우리집에 저녁 먹으러 올거야.

출처: S. Poisson-Quinton et ali.(2005), *Festival* 1, p.98.

18과 목표

1. 대명동사 명령법 문장
2. 대명사 on
3. 현재진행 표현
4. 근접과거 표현
5. 동사 활용하기 : 규칙동사 -ir
6. 부정사 ne....plus
7. 부사의 비교급

1. 대명동사 명령법 문장

명령법 문장 만들기 (복습)		
일반 문장 Sujet + Verbe + ...	⇨	명령법 문장 ~~(Sujet)~~ Verbe + ...
Tu prends le bus 228.	⇨	Prends le bus 228.
Nous faisons un gâteau ce soir.	⇨	Faisons un gâteau ce soir.
Vous travaillez le matin très tôt.	⇨	Travaillez le matin très tôt.

간접목적보어 대명사 / 직접목적보어 대명사와 함께 긍정 명령법 문장 만들기

Tu me donnes ce cadeau. (me= à moi)

⇨ Tu me le donnes. (le= ce cadeau)

⇨ ~~(Sujet)~~ V : Tu me le donnes.

⇨ ~~Me le donnes~~. (×)

⇨ ~~Me le donne~~. (×)

⇨ Donne-le-moi !

간접목적보어 대명사 / 직접목적보어 대명사와 함께 부정 명령법 문장 만들기

Tu ne me donnes pas ce cadeau. (me= à moi)

⇨ Tu ne me le donnes. (le= ce cadeau)

⇨ ~~(Sujet)~~ V : Tu ne me donnes pas ce cadeau.

⇨ ~~Ne me le donnes pas~~. (×)

⇨ Ne me le donne pas !

se lever의 명령법 문장 만들기

Tu te lèves. ⇨ ~~Te lèves.~~ (×) ⇨ ~~Te lève.~~ (×) ⇨ Lève-toi !

Nous nous levons. ⇨ ~~Nous levons.~~ (×) ⇨ Levons-nous !

Vous vous levez. ⇨ ~~Vous levez.~~ (×) ⇨ Levez-vous !

Tu ne te lèves pas. ⇨ ~~Ne te lèves pas.~~ (×) ⇨ Ne te lève pas !

Nous ne nous levons pas. ⇨ Ne nous levons pas !

Vous ne vous levez pas. ⇨ Ne vous levez pas !

가. 다음 보기처럼 제시된 인칭으로 대명동사를 긍정 명령법과 부정 명령법 문장으로 만들어 넣으세요.

[보기]	Se dépêcher (tu) Dépêche-toi. / Ne te dépêche pas.

1) (se lever) (tu)

⇨ ______________________________

2) (s'amuser) (nous)

⇨ ______________________________

3) (s'arrêter) (vous)

⇨ ______________________________

4) (se réveiller) (tu)

⇨ ______________________________

2. 대명사 on

사람을 지칭하는 대명사로, 주어로만 사용되며 동사는 항상 3인칭 단수를 사용한다.

on이 화자를 포함하면 nous와 같은 의미를 지닌다.

- On va au cinéma, ce soir. Tu viens avec nous ?
- Avec plaisir !

on이 화자를 포함하지 않으면 les gens과 같은 의미를 지닌다.

En France on dîne à 8 heures. Et en Corée ?

나. 다음 빈 칸에 on, les gens 중 알맞은 것을 넣고 난 후 한국어로 옮기세요.

1) En France, ___________ aime le cinéma.

⇨ ____

2) En Corée, ___________ prennent très souvent un café au matin.

⇨ ____

3) Au Japon, ___________ déjeunent à quelle heure ?

⇨ ____

4) ___________ va accompagner nos parents à l'aéroport.

⇨ ____

5) ___________ va au cinéma ce soir ?

⇨ ____

3. 현재진행 표현 : être en train de (d') + V inf.

Je suis en train de faire mes devoirs.

On est en train de goûter. Tu veux venir chez nous ?

Emilie est en train d'écouter de la musique classique.

4. 근접과거 표현 : venir de (d') + V inf.

Paul vient d'arriver à la gare Montparnasse.

Céline et sa petite fille viennent de faire le tour de la ville.

다. 근접과거 형태에 동그라미로 표시하세요.

1) Nous venons de commencer notre travail.

2) Ces fruits de mer viennent du Japon.

3) L'avion pour la France vient d'atterrir à l'aéroport Roissy CDG.

4) Les enfants de Paul viennent de Lanchester.

5) Tu viens de comprendre ses histoires incroyables ?

6) Mon professeur vient d'un quartier agité.

7) Je viens de te raconter l'histoire de mon enfance.

8) Ces belles phrases viennent du boucher du coin.

9) Noémie et sa sœur viennent de Montpellier.

10) La maire de Paris vient de terminer son discours à la télévision.

11) Mon collègue vient de se sauver avec une rapidité incroyable.

라. 다음 보기처럼 부정문으로 답하세요. 대체할 수 있는 대명사도 사용하세요.

[보기]	- Sophie est couchée depuis longtemps ? - Non, elle vient de se coucher.

1) - Tes parents arrivent chez toi depuis une heure ?

- Non, ______________________________

2) - Le train part dans 10 minutes ?

- Non, ______________________________

3) - Evelyne n'est pas encore partie au cinéma ?

- Non, ______________________________

4) - Votre mari promène votre chien maintenant ?

- Non, ______________________________

5) - La directrice signe ce dossier maintenant ?

- Non, ______________________________

6) Tu bois un café maintenant ?

- Non, ______________________________

7) - Vous vous maquillez maintenant ?

- Non, ______________________________

마. 다음 보기처럼 부정문으로 답하세요.

[보기]	- Ce train va partir pour Paris ? - Non, il est déjà en train de partir.

1) - Tes grands-parents vont voyager en France ?

   - Non, ______________________________

2) - Les étudiants vont s'inscrire à l'université ?

   - Non, ______________________________

3) - Vous allez accompagner les enfants à l'école ?

   - Non, ______________________________

4) - Sylvie va prendre une demi-bouteille de vin rouge ?

   - Non, ______________________________

5) - Ta mère et toi allez faire des courses ?

   - Non, ______________________________

5. 동사 활용하기 : 규칙동사 -ir

원형	현재 형태		변화 어미	
finir	je finis	nous finissons	-is	-issons
	tu finis	vous finissez	-is	-issez
	il finit	ils finissent	-it	-issent
	elle finit	elles finissent	-it	-issent

바. 다음 빈 칸에 동사 finir의 현재 형태를 넣으세요.

1) Félicite-toi chaque fois que tu ____________ une tâche.

2) Vous ____________ par acheter des fruits de mer après l'émission MB ?

3) Nous ____________ par entendre des chansons d'Adamo.

4) Pierre ____________ lui-même les travaux chez lui.

5) Marie et Sylvie ____________ leur vie dans une maison de retraite.

6) Céline et vous, vous ____________ par déjeuner au restaurant ?

7) Les élèves ____________ par comprendre ces leçons.

8) Attends-moi, je ____________ mes devoirs dans deux minutes.

6. 부정사 ne....plus

ne ... plus는 이미 종료된 행위를 표현한다.

1) Paul ne travaille plus chez Siemens. (근무한 적이 있다.)

2) Paul ne travaille pas chez Siemens. (근무한 적이 없다.)

질문 안에 toujours나 encore가 있다.

1) - Paul travaille toujours chez Siemens ?

- Non, il n'y travaille plus.

2) - Paul travaille encore chez Siemens ?

- Non, il n'y travaille plus.

사. 다음 보기처럼 ne ... plus를 사용하여 답하세요.

[보기] - Tu travailles encore le dimanche ?
- Non, je ne travaille plus le dimanche.

1) - Vous vivez toujours avec votre mère ?

- Non, ______________________________

2) - Vous allez encore chez Julien le dimanche ?

- Non, ______________________________

3) - Daniel et sa femme rentrent toujours pour déjeuner chez eux ?

- Non, ______________________________

4) - Céline et son copain voyagent toujours ensemble ?

- Non, ______________________________

5) - Vos parents se promènent toujours au jardin du Luxembourg ?

- Non, ______________________________

« On ne se promène plus au jardin du Luxembourg, mais on s'y repose. »

5. 부사의 비교급 (복습)

plus aussi moins	+	adverbe	+	que

L'avion vole plus vite que l'hélicoptère.

L'avion vole aussi vite que l'hélicoptère de 3e génération.

L'hélicoptère vole moins vite que l'avion.

bien의 비교급 : mieux que

J'aime mieux le ski que les patins à glace.

아. 다음 보기처럼 괄호 안의 지시대로 부사를 비교해 보세요.

[보기] Julien marche (rapidement) que Paul. (+)

⇨ Julien marche plus rapidement que Paul.

1) Marine danse (bien) que sa sœur (=)

⇨ ______________________________

2) David travaille (bien) que son frère. (+)

⇨ ______________________________

3) Le TGV atlantique roule (vite) que le KTX. (-)

⇨ ______________________________

4) Doyun travaille (lentement) que sa sœur. (+)

⇨ ______________________________

자. 다음 빈 칸에 meilleur, mieux 중 알맞은 것을 골라 넣으세요.

1) Mme Sophie Lorent enseigne __________ la physique que la science.

2) Jean-Jacques a une __________ note en anglais qu'en français.

3) Julie obtient de __________ résultats au contrôle continu que moi.

4) On mange __________ chez soi qu'à la cantine.

5) Stéphanie joue __________ au tennis que Céline.

6) La nouvelle machine à laver marche __________ que l'ancienne.

7) Les fromages fabriqués en France sont __________ que les fromages venant des Etats-Unis et du Canada.

♧ l'emploi du temps[12]

	Sophie réveille les enfants vers 7h.		Elle rentre chez elle.
	Elle les conduit à l'école vers 8h.		Elle prépare le dîner.
	Elle commence à travailler.		Elle regarde la télévision.
	Elle déjeune avec ses collègues.		Elle va au lit.

12 S. Poisson-Quinton et ali.(2005), *Festival* 1, p.101 참조.

차. 다음 Manu의 일과를 참고하여 여러분의 일과에 대해 설명하세요.

la vie quotidienne de Manu

Manu est étudiant à l'université de Frache-Comté. Le matin, il se lève à 8 heures. Il se lave, se rase et s'habille. Après, il prend le petit déjeuner : il n'aime pas manger avant de se laver. Il se rend chez sa sœur. Il prend son neveu pour l'emmener à la crèche, car sa sœur part très tôt au travail. Puis, il va à la fac : il a cours à partir de 10 heures 30. Il déjeune à 12 heures 30 avec des copains. Ensuite, il va à la bibliothèque pour travailler : il prépare le concours de professeur des écoles. Il rentre à 7 heures du soir : il partage l'appartement avec 3 colocataires. Ces jeunes gens sont étudiants eux aussi. Manu aime bien faire la cuisine : il prépare à manger pour tout le monde. En dînant, ils regardent parfois des matchs de foot : tous les quatre adorent le foot. Ils discutent également sur des sujets assez sensibles comme des manifestations des « gilets jaunes ». Ils s'aident aussi à faire des recherches pour leurs rapports. Vers 9 heures du soir, Manu retourne dans sa chambre pour consulter Internet et envoyer à ses amis des messages. Il se couche en général après minuit.

제19과 자기 계획에 대해 말하기

♧ 다음은 Festival 19과 내용입니다. 한국어 문장은 프랑스어로 쓰세요.

M. Moreau : Ah, bonjour, ma petite Mathilde. Ça va chez vous ?

Mathilde : Oui, merci. 모두 잘 지내고 계세요.

M. Moreau : Et alors, ce bac ? Ça y est ! Bravo ! 그래서 내년에 뭘 할 거에요?

Mathilde : 저 대학교 등록 했어요. 파리에서 연극을 공부할 거에요.

Mme. Moreau : 파리에서 한다고요?! 무슨 생각으로요?! 근데 왜 파리죠? 나라면, 몽펠리에로 갈 거에요. 더 가깝잖아요. 날씨도 좋고...

Mathilde : 네, 그래도 파리에 가고 싶어요.

Mme. Moreau : Mais vous serez perdue, là-bas, toute seule. Et puis, à Paris, les gens sont aimables comme des portes de prison.

Mathilde : 연극을 생각하면, 파리가 더 나아요. 공연도 볼 수 있구요. 사람들도 만날 수 있을 거구요.. 여기는 할 게 없어요. 파리에서는 매일 뭔가 할 일이 있거든요.

M. Moreau : Hé bé, moi, 난 파리에는 절대 살 수 없을 것 같아요. 그건 정말 아니죠! 사람들은 정신없이 살잖아요. 항상 뛰어 다니구요. 인생을 즐기는 걸 모르죠.

Mme. Moreau : Oh là là, 저도 싫어요. 저도 그러고 싶지 않네요! 지하철은 어떻구요?! 콩나물 시루 같아요. 아무도 서로 쳐다보지 않죠. 아무도 서로 말하지 않잖아요! 너무 끔찍해요! 거기 아는 사람은 있어요?

출처: S. Poisson-Quinton et ali.(2005), *Festival* 1, p.102.

19과 목표

1. 조건법
2. 부정사 ne... rien, ne... personne
3. chaque / chacun, chacune

« C'est l'arc de triomphe à Montpellier. »

1. 조건법(le conditionnel)

1-1. 조건법 현재 형태는 단순미래의 어근에 반과거 어미를 붙인다.

원형	조건법 현재 형태		반과거 어미	
parler	je parlerais	nous parlerions	-ais	-ions
	tu parlerais	vous parleriez	-ais	-iez
	il parlerait	ils parleraient	-ait	-aient
	elle parlerait	elles parleraient	-ait	-aient

원형	조건법 현재 형태	
choisir	je choisirais	nous choisirions
	tu choisirais	vous choisiriez
	il choisirait	ils choisiraient
	elle choisirait	elles choisiraient

1) 규칙동사 jeter, acheter

jeter의 조건법 현재 형태	
je jetterais	nous jetterions
tu jetterais	vous jetteriez
il jetterait	ils jetteraient
elle jetterait	elles jetteraient

acheter의 조건법 현재 형태	
j'achèterais	nous achèterions
tu achèterais	vous achèteriez
il achèterait	ils achèteraient
elle achèterait	elles achèteraient

« J'achèterais des bonbons pour Noël. »

2) 불규칙 동사들의 조건법 현재 형태

불규칙 동사들은 조건법 현재의 어근이 동사원형과 같은 유형들과 동사원형의 어근과 다른 형태의 어근을 가지는 유형들로 나뉜다.

- 동사원형과 같은 유형 : prendre, descendre, mettre

prendre의 조건법 현재 형태 : prendr-	
je prendrais	nous prendrions
tu prendrais	vous prendriez
il prendrait	ils prendraient
elle prendrait	elles prendraient

mettre의 조건법 현재 형태 : mettr-	
je mettrais	nous mettrions
tu mettrais	vous mettriez
il mettrait	ils mettraient
elle mettrait	elles mettraient

- 동사원형과 다른 유형 : être, faire, avoir, savoir, aller, venir, vouloir, pouvoir, voir

être의 조건법 현재 형태 : ser-	
je serais	nous serions
tu serais	vous seriez
il serait	ils seraient
elle serait	elles seraient

faire의 조건법 현재 형태 : fer-	
je ferais	nous ferions
tu ferais	vous feriez
il ferait	ils feraient
elle ferait	elles feraient

avoir의 조건법 현재 형태 : aur-	
j'aurais	nous aurions
tu aurais	vous auriez
il aurait	ils auraient
elle aurait	elles auraient

savoir의 조건법 현재 형태 : saur-	
je saurais	nous saurions
tu saurais	vous sauriez
il saurait	ils sauraient
elle saurait	elles sauraient

aller의 조건법 현재 형태 : ir-	
j'irais	nous irions
tu irais	vous iriez
il irait	ils iraient
elle irait	elles iraient

venir의 조건법 현재 형태 : viendr-	
je viendrais	nous viendrions
tu viendrais	vous viendriez
il viendrait	ils viendraient
elle viendrait	elles viendraient

vouloir의 조건법 현재 형태 : voudr-	
je voudrais	nous voudrions
tu voudrais	vous voudriez
il voudrait	ils voudraient
elle voudrait	elles voudraient

pouvoir의 조건법 현재 형태 : pourr-	
je pourrais	nous pourrions
tu pourrais	vous pourriez
il pourrait	ils pourraient
elle pourrait	elles pourraient

voir의 조건법 현재 형태 : verr-	
je verrais	nous verrions
tu verrais	vous verriez
il verrait	ils verraient
elle verrait	elles verraient

« Je pourrais partir tout de suite. »

« Maman, je voudrais encore des bonbons, s'il te plaît... »

1-2. 조건법의 용법

완곡하게 말할 때 사용하거나 화자의 바람, 짐작이나 추측을 나타내기도 하고, 현재 사실에 반대되는 일이나 과거 사실에 반대되는 일을 표현할 때 사용한다.

1) 상대에게 부탁하기 위해 공손한 말투를 사용할 때

Je voudrais un kilo de pommes, s'il vous plaît.

Pourriez-vous fermer la porte, s'il vous plaît ?

Pourrais-tu prendre mon sac, s'il te plaît ?

2) 실행될지 알 수 없는 상황에서 화자의 바람을 나타낼 때

On irait au cinéma, ce soir ...

3) 거의 확실함에 대한 화자의 짐작을 나타낼 때

Le cambrioleur serait entré dans la maison de la victime par la cave.

Le Galaxy Note 9 sortirait dans trois mois.

4) 뉴스나 신문기사에서 공식적으로 확인되지 않은 정보를 전달할 때

Il y a eu un accident de voiture sur l'autoroute, il y aurait de nombreux blessés.

♧ Si ... 절과 함께 하는 조건법 사용

- 현재 사실과 반대는 조건법 현재 형태로 나타낸다.

  Si Patricia venait me voir en Corée, nous pourrions visiter l'Île Jeju.

  (Patricia가 날 만나러 한국에 온다면 우리가 제주도를 가볼텐데...)

- 과거 사실과 반대는 조건법 과거 형태로 나타낸다.

  Si mon grand-père avait été riche en 1890, on aurait eu une belle voiture anglaise.

  (우리 할아버지가 1890년에 부자였다면, 우리가 멋진 영국 자동차를 가지고 있었을텐데...)

가. 다음 동사의 현재 형태를 조건법 현재 형태로 넣으세요.

1) Tu peux me passer ton portable ?

⇨ ______________________________

2) Vous pouvez m'aider à trouver ce dossier.

⇨ ______________________________

3) Voulez-vous aller à la piscine avec nous ?

⇨ ______________________________

4) Je veux prendre le train demain matin vers 8 heures.

⇨ ______________________________

5) Pouvez-vous me passer le sucre ?

⇨ ______________________________

6) Je souhaite terminer le travail à l'heure.

⇨ ______________________________

« J'aimerais terminer le travail à l'heure. »

나. 다음 괄호 안의 동사를 조건법 현재 형태로 넣으세요.

1) Vous (pouvoir) me donner ce livre ?

⇨ ____________________

2) Si j'étais à ta place, j'(aller) à Paris.

⇨ ____________________

3) Si vous n'étiez pas en retard, Mathilde (ne pas être) fâchée.

⇨ ____________________

4) Si j'avais le temps, je (voyager) en Europe avec mes amis.

⇨ ____________________

5) Que (dire)-tu à Bill Gates, si tu le rencontrais ?

⇨ ____________________

6) Je (vouloir) bien accepter vos propositions, mais ...

⇨ ____________________

7) (pouvoir)-vous m'indiquer le chemin pour aller au Louvre ?

⇨ ____________________

8) Nous (vouloir) prendre encore un peu d'eau.

⇨ ____________________

2. 부정사 ne... rien, ne... personne

- Vous voulez quelque chose ?
- Non, je ne veux rien.

- Il y a quelqu'un pour m'aider ?
- B : Non, il n'y a personne.

Rien, personne는 문장의 주어도 될 수 있다.

Personne ne parle à la réunion.
Qu'est-ce qu'il est difficile !! Rien ne lui plaît.

다. 다음 보기처럼 ne... personne를 사용하여 답하세요.

[보기]	Quelqu'un nous entend ? ⇨ Non, personne ne nous entend.

1) Quelqu'un travaille ?

⇨ Non, ______________________________

2) Quelqu'un écrit ?

⇨ Non, ______________________________

3) Quelqu'un arrive chez vous ?

⇨ Non, ______________________________

4) Thomas accueille quelqu'un dans son bureau ?

⇨ Non, ______________________________

라. 다음 질문에 ne... rien 또는 ne... personne를 사용하여 부정문으로 답하세요.

1) Avec qui viens-tu ?

⇨ ______________________________

2) A qui écris-tu ?

⇨ ______________________________

3) De quoi parlez-vous ?

⇨ ______________________________

4) Contre qui manifestes-tu ?

⇨ ______________________________

5) Pour qui travailles-tu ?

⇨ ______________________________

6) A quoi penses-tu ?

⇨ ______________________________

7) De qui vous occupez-vous ?

⇨ ______________________________

8) Il y a quelque chose d'interessant dans ton livre ?

⇨ ______________________________

3. chaque / chacun, chacune

1) 형용사 chaque :

Chaque matin, je me lève à 6 heures.

Chaque jour, je fais du sport.

Chaque mois, je vais au théâtre.

2) 대명사 chacun, chacune :

사람을 지칭하며 항상 단수로 사용되므로 동사를 3인칭 단수 형태로 사용한다.

Chacun a ses goûts.   Chacun doit respecter la loi.

chacun, chacune은 전치사 de 또는 d'entre와 함께 사용할 수 있다.

Chacun de vous prendra le fichier pour s'inscrire.

Chacun d'entre vous aura le courage à faire venir Pierre à la réunion.

마. 다음 빈 칸에 chaque, chacun, chacune 중 알맞은 형태를 넣으세요.

1) __________ d'elles présente un ensemble de problèmes et de solutions à la conférence.

2) Je rends visite à mes parents __________ semaine.

3) __________ doit garder les formules de politesse.

4) __________ pays a sa propre culture.

5) Est-ce que je peux quitter la table entre __________ plat ?

제 20과 프랑코포니 알기

♧ 다음은 Festival 20과 내용입니다. 한국어 문장은 프랑스어로 쓰세요.

Autour de la table...
Fatou du Sénégal, Aziz du Maroc, Diane du Québec, Liam du Vietnam et Vincent de Suisse.
- Bonjour tout le monde.
Tous ensemble : Bonjour.
- 여러분은 프랑스에서 왜 학생으로 있죠?
Fatou : 왜냐하면 프랑스어는 저희의 언어이기도 하니까요. 우리는 모두 프랑스어를 사용하고 있죠.
Aziz : 저희 나라의 역사를 더 잘 알기 위해서죠. 이는 또한 프랑스 역사의 일부분이기도 하구요.
Diane : 저는 프랑스 사람들과 그들의 특이한 관습도 알고 싶어요.
Liam : 저희 아버지가 프랑스인이시거든요. 저희 친가와 친해지기 위한 방법이에요.
Vincent : 저는 와인양조에 대한 공부를 하고 있어요. 이 분야는 프랑스인들이 최고죠.
- Vous êtes francophones. Alors, le français, c'est important pour vous ?
Diane : 퀘백사람들에게는 매우 중요해요! 왜냐하면 프랑스어는 우리의 정체성이자 뿌리이거든요.
Aziz : Au Maroc, c'est différent. Le français a une place privilégiée mais notre langue officielle est l'arabe.
Liam : 베트남에서는 프랑스어를 말하고 공부하죠. 하지만 영어가 많이 쓰이죠. 공식 언어는 베트남어에요.
Fatou : Au Sénégal, le français est la langue officielle, mais les Sénégalais parlent surtout le wolof.
Vincent : 스위스에서는 네 가지 공용어가 있어요. 프랑스어, 독일어, 이탈리아어, 레토로망어죠! 모두 통용되요!
- 너무 복잡하네요! 모두를 위해 단일어가 더 간단하지 않을까요?
Tous ensemble : Oh non !
Vincent : La diversité, c'est une richesse.
Aziz : 단일어라는 것은 단 하나의 문화를 뜻하는 것 아닌가요?! 그건 슬픈 일이죠!

출처: S. Poisson-Quinton et ali.(2005), *Festival* 1, p.106.

20과 목표

1. 원인과 목적 표현　2. Tout 용법　3. bon과 bien, meilleur와 mieux　4. très와 trop

1. 원인(la cause)과 목적(le but) 표현

1) 원인 : Parce que + Sujet + Verbe

- On ne peut pas entrer. Pourquoi ?
- Parce qu'il y a beaucoup de monde.

2) 목적 : Pour + V inf.

- Tu habites à Paris. Pourquoi ?
- Pour apprendre le français.

가. 다음 질문에 pour 또는 parce que를 사용하여 답하세요.

1) Paul ne peut pas partir en vacances. Pourquoi ?

⇨ ____________________

2) Demain matin, Sylvie devra se réveiller très tôt. Pourquoi ?

⇨ ____________________

3) Thomas ne peut pas entrer dans son bureau. Pourquoi ?

⇨ ____________________

4) Sophie devra terminer son rapport demain. Pourquoi ?

⇨ ____________________

5) Eric arrive très tard ce soir. Pourquoi ?

⇨ ____________________

나. 다음 제시된 답에 알맞은 질문을 넣으세요.

1) - ____?

- Parce qu'il fait froid.

2) - ____?

- Parce que je suis très occupé.

3) - ____?

- Pour partir en vacances.

4) - ____?

- Parce qu'il y a beaucoup de monde.

5) - ____?

- Pour voir mes amis.

6) - ____?

- Parce que je suis fatigué.

7) - ____?

- Pour gagner de l'argent.

8) - ____?

- Parce que je ne veux pas travailler.

2. Tout 용법

형용사와 대명사 그리고 부사의 용법이 있다.

2-1. 형용사 tout (복습)

<table>
<tr><th>형용사 tout</th><th>남성 명사와 함께</th><th>여성 명사와 함께</th></tr>
<tr><td>단수</td><td>tout le monde</td><td>toute la famille</td></tr>
<tr><td>복수</td><td>tous les étudiants
형용사 tous는 s를 발음하지 않는다.</td><td>toutes les lycéennes</td></tr>
<tr><td colspan="3">형용사 tout는 다른 형용사들과 달리 한정사 보다 앞에 위치한다.
Tout + 정관사 + 명사 : tout le monde, toute la famille, tous les enfants
Tout + 소유 형용사 + 명사: tous mes amis, tous ses copains
Tout + 지시 형용사 + 명사: tout ce temps-là, tous ces gens</td></tr>
</table>

2-2. 대명사 tout, tous, toutes

1) 단수 tout : 사물을 대신한다.

Tout se passe bien.

Tu sais tout, toi !

2) 복수 tous, toutes : 사람을 대신한다.

대명사 tous는 [tus]로 발음하고, toutes는 [tut]로 발음한다.

Les étudiants sont tous français.

Les étudiantes sont toutes allemandes dans le hall.

2-3. 부사 tout, toute, toutes

형용사나 다른 부사 또는 전치사 앞에 위치하여 강조를 나타내는 부사 tout는 특별히 자음 또는 유음 h로 시작하는 여성형용사 앞에서 사용된다. 여성형용사가 단수일 때 toute 여성형용사가 복수일 때 toutes가 된다.

Mes livres sont tout nouveaux.
Le café Michel se trouve tout près de chez moi.
Diane a les épaules tout étroites.
Ma copine est toute belle.
Mes amies sont toutes sympathiques.

다. 다음 빈 칸에 알맞은 tout의 형태를 넣으세요.

1) ____________ le monde est présent ?

2) Les enfants de Dominique vont à la piscine ____________ les jours.

3) Mon frère travaille ____________ la journée.

4) Jacqueline et sa petite fille viennent ____________ de Belfort.

5) Je termine ____________ dans cinq minutes.

6) Mes amies sont ____________ francophones.

7) ____________ les chemins mènent à Rome.

8) ____________ va bien.

9) Les filles de Thierry sont ____________ intelligentes.

3. bon과 bien, meilleur와 mieux

bon		bien	
비교급	최상급	비교급	최상급
meilleur que meilleure que meilleurs que meilleures que	le meilleur (de) la meilleure (de) les meilleurs (de) les meilleures (de)	mieux que	le mieux (de)

Le camembert est meilleur que le brie.

La choucroute alsacienne est meilleure que la choucroute allemande.

Ce pot-au-feu est le meilleur plat de la France.

J'aime mieux le vin blanc que le vin rouge.

La machine à laver fonctionne le mieux dans ce magasin.

라. 다음 빈 칸에 le meilleur, la meilleure, les meilleurs, les meilleures, le mieux 중 알맞은 것을 골라 넣으세요.

1) Céline obtient ________________ note en science dans la classe.

2) Dans quel pays la qualité de vie est ________________ au monde ?

3) Je pense que ce restaurant est ________________ de ce quartier.

4) Qui gagne ________________ sa vie ?

5) Manon danse ________________ de notre groupe.

4. 부사 très와 trop

1) très – 형용사 또는 다른 부사를 수식하며 강조한다.

Je suis très contente de vous connaître.

Ma sœur est très mince : elle surveille sa ligne.

Michael vient à Cheongju très souvent pour voir ses élèves.

2) trop – 형용사 또는 다른 부사 그리고 동사를 수식하며 지나침을 표현한다.

Tu bois trop ! Tu manges trop !

Tu te réveilles trop tôt.

Ce professeur est trop sévère.

beaucoup와 함께 사용될 수 있다.

Ce type est beaucoup trop bizzare.

~~très beaucoup~~, ~~trop beaucoup~~은 사용하지 않는다.

마. 다음 빈칸에 très, trop 중 알맞은 것을 넣으세요.

1) C'est une actrice __________ connue. Tout le monde veut la voir de près.

2) Vous travaillez __________. Nous, nous sommes en vacances.

3) Paul rentre __________ tard chez lui ; il est toujours __________ fatigué.

4) Comme d'habitude, mes enfants mangent __________ de gâteaux, et ils ont mal au ventre.

5) Ma sœur est __________ fatiguée en ce moment, c'est pourquoi elle se couche __________ tôt.

바. 다음 질문에 답하세요.[13]

1) Êtes-vous francophone ?

⇨ ______________________________

2) Qu'est-ce la francophonie ?

⇨ ______________________________

____

____

3) Qu'est-ce l'organisation internationale de la francophonie ?

⇨ ______________________________

____

____

4) Savez-vous combien de pays y participent ? Pouvez-vous les décrire ?

⇨ ______________________________

____

____

____

13 S. Poisson-Quinton et ali.(2005), *Festival* 1, p.109와 인터넷 사이트 https//www.francophonie.org/ 참조.

제 21과 과거 회상하기

♧ **다음은 Festival 21과 내용입니다. 한국어 문장을 프랑스어로 쓰세요.**

Les vacances au bord de la mer de Michel Jonaz

« 아빠, 엄마, 여동생과 바닷가에 갔었어. 돈을 펑펑 쓰는 사람들을 바라봤고, 우리는 돈을 아껴야만 했지. (...) Alors, on regardait les bateaux on suçait des glaces à l'eau les palaces, les restaurants, on ne faisait que passer devant et 아침에 배를 바라만 보았고, 일찍 일어나 해변가에 있었어. 몇 시간이나 썬탠을 했어. On allait au bord de la mer avec mon père, ma sœur, ma mère. »

(...)

Une femme fredonne l'air de la chanson et se souvient.

- 사촌들하고 할머니, 할아버지 댁에 가곤 했어. 나무에 오두막집을 만들고, 공놀이와 카드놀이도 하곤 했지.
- À Saint-Philibert ? Chez Mamie Yvonne ?
- Chez la maman de mamie. On mangeait de grandes tartines de confiture. Kiki, 내 할아버지의 작은 까만 개는 항상 말썽만 피웠지. 할머니는 이렇게 소리지르곤 했어. « 아이구 지겨워. 내가 언젠가는 이 놈을 파이로 만들어 버릴거야! » 우리는, 웃곤 했지, 웃곤 했지! C'était le bon temps avant !

출처: S. Poisson-Quinton et ali.(2005), *Festival* 1, p.114.

21과 목표

1. 반과거
2. 형용사의 위치

« Avant, on jouait dans cette cabane... »

1. 반과거(l'imparfait)

반과거는 현재(화자가 말하는 시점)와 다른 과거 시점의 상황을 묘사하거나 설명을 하기 위해 사용된다. 과거에 일어난 사건을 표현하는 복합과거[14]시제나 단순과거[15]시제와 함께 사용되고 그 사건의 배경을 설명해준다.

1-1. 반과거 형태

동사의 1인칭 복수 현재 형태 어근에 -ais, -ais, -ait, -ions, -iez, -aient를 붙인다.

원형	반과거 형태		변화 어미	
parler (nous parlons)	je parlais	nous parlions	-ais	-ions
	tu parlais	vous parliez	-ais	-iez
	il parlait	ils parlaient	-ait	-aient
	elle parlait	elles parlaient	-ait	-aient

원형	반과거 형태	
choisir (nous choisissons)	je choisissais	nous choisissions
	tu choisissais	vous choisissiez
	il choisissait	ils choisissaient
	elle choisissait	elles choisissaient

14 복합과거(le passé composé)는 화자가 말하는 시점과는 다른 과거 시점에서 일어난 사건을 표현한다.
15 단순과거(le passé simple)는 화자가 말하는 시점과 무관한 과거 시점에서 일어난 사건을 표현한다.

1) 규칙동사 jeter, acheter

jeter (nous jetons) 반과거 형태	
je jetais	nous jetions
tu jetais	vous jetiez
il jetait	ils jetaient
elle jetait	elles jetaient

acheter (nous achetons) 반과거 형태	
j'achetais	nous achetions
tu achetais	vous achetiez
il achetait	ils achetaient
elle achetait	elles achetaient

2) 불규칙 동사

- prendre, descendre, mettre

prendre (nous prenons) 반과거 형태	
je prenais	nous prenions
tu prenais	vous preniez
il prenait	ils prenaient
elle prenait	elles prenaient

mettre (nous mettons) 반과거 형태	
je mettais	nous mettions
tu mettais	vous mettiez
il mettait	ils mettaient
elle mettait	elles mettaient

- avoir, faire, aller, venir, vouloir, savoir, voir, pouvoir

avoir (nous avons) 반과거 형태	
j'avais	nous avions
tu avais	vous aviez
il avait	ils avaient
elle avait	elles avaient

faire (nous faisons) 반과거 형태	
je faisais	nous faisions
tu faisais	vous faisiez
il faisait	ils faisaient
elle faisait	elles faisaient

« Henri II vivait
au château de Chenonceaux. »

aller (nous allons) 반과거 형태	
j'allais	nous allions
tu allais	vous alliez
il allait	ils allaient
elle allait	elles allaient

venir (nous venons) 반과거 형태	
je venais	nous venions
tu venais	vous veniez
il venait	ils venaient
elle venait	elles venaient

vouloir (nous voulons) 반과거 형태	
je voulais	nous voulions
tu voulais	vous vouliez
il voulait	ils voulaient
elle voulait	elles voulaient

savoir (nous savons) 반과거 형태	
je savais	nous savions
tu savais	vous saviez
il savait	ils savaient
elle savait	elles savaient

voir (nous voyons) 반과거 형태	
je voyais	nous voyions
tu voyais	vous voyiez
il voyait	ils voyaient
elle voyait	elles voyaient

pouvoir (nous pouvons) 반과거 형태	
je pouvais	nous pouvions
tu pouvais	vous pouviez
il pouvait	ils pouvaient
elle pouvait	elles pouvaient

⚠ **être의 반과거 형태는 다른 어근을 가진다.**

être의 반과거 형태 : ét-	
je étais	nous étions
tu étais	vous étiez
il était	ils étaient
elle était	elles étaient

비인칭 구문의 반과거 형태

Il fallait ...

Il neigeait ...

Il pleuvait ...

1-2. 반과거의 용법

1) 현재와 다른 과거 시점에서 변화된 행위나 벌어진 사건의 배경을 설명한다.

Il était trois heures, il n'y avait personne dans la rue, la pluie tombait et je marchais dans le calme. (Tout à coup, un homme a crié.)

2) 과거의 추억이나 습관을 표현한다.

Quand j'étais jeune, je portais des lunettes.

Mon père nous amenait à la plage en été.

Paul sortait toujours après le déjeuner, quand il avait 20 ans.

3) 화자의 생각을 완곡하게 표현한다.

Bonjour, je voulais vous demander des renseignements sur la Corée.

4) Si 절과 함께 제안을 나타낸다.

Si on allait au cinéma ce soir ...

Si tu faisais tes devoirs ...

« Si on allait à la Citadelle ... »

5) Si 절과 함께 가정을 나타낸다

현재 사실에 반대 :	Si	S + V 반과거 ...,	S + V 조건법 현재
과거 사실에 반대 :	Si	S + V 대과거[16] ...,	S + V 조건법 과거[17]

Si j'étais riche, je voyagerais à l'étranger.

Diane parle comme si elle avait beaucoup d'expériences.

---

16 대과거(le plus-que-parfait)는 조동사 반과거 형태와 과거분사를 합친 형태이다.
17 조건법 과거(le condiionnel passé)는 조동사의 조건법 현재 형태와 과거분사를 합친 형태이다.

6) 간접화법에서 시제 일치

시제 일치란 입말 대화에서 사용된 동사의 시제를 화자가 말을 옮기는 주절의 시제와 일치시킴을 의미한다.

- 화자가 말을 옮기는 시점이 현재라면, 입말에 사용된 동사의 현재 형태는 그대로 유지된다.

Pierre dit : « Je viens vous voir samedi. »
⇨ Pierre dit qu'il vient nous voir ce samedi.

- 화자가 말을 옮기는 시점이 과거라면, 입말에 사용된 동사의 현재 형태는 반과거 형태로 바뀐다.

Pierre a dit : « Je viens vous voir samedi. »
⇨ Pierre a dit qu'il venait nous voir ce samedi-là.

가. 다음 보기처럼 동사를 제시된 대명사에 알맞은 반과거 형태로 넣으세요.

[보기] venir : ils venaient

1) réfléchir : nous ____________ 2) recevoir : tu ____________

3) penser : vous ____________ 4) croire : ils ____________

5) devoir : elles ____________ 6) faire : je ____________

7) partir : tu ____________ 8) écrire : vous ____________

9) connaître : elle ____________ 10) prendre : tu ____________

11) boire : on ____________ 12) dire : il ____________

13) aller : ils ____________ 14) être : vous ____________

나. 다음 보기처럼 괄호 안에 제시된 동사의 알맞은 반과거 형태를 넣으세요.

[보기] L'année dernière, j'allais à Lyon. (aller)

1) Avant, je ________________ Pierre. (ne pas aimer)

2) Quand j'étais jeune, je ________________ une bonne vue. (avoir)

3) Avant, ils ________________ toujours à la maison. (déjeuner)

4) Quand elle était jeune, Sophie ________________ du ski. (faire)

5) Chaque année, mes amis ________________ l'hiver avec moi à la campagne. (passer)

6) L'année dernière, je ________________ le métro. (ne pas prendre)

7) Quand je ________________ la voiture, je ________________ prendre le bus pour aller à mon bureau, ce qui ________________ pratique. (ne pas avoir, devoir, ne pas être)

8) Avant hier, il ________________ beau. (faire)

9) Son père ________________ médecin, quand j'avais 10 ans. (être)

10) L'année dernière, vous ________________ le feu tout l'hiver ? (allumer)

11) Avant, ma mère ________________ à 5 heures du matin et ________________ à l'église. (se lever, aller)

다. 다음 보기처럼 동사를 반과거 형태로 넣고 부정문으로 만들어 넣으세요.

[보기] Maintenant, je fais du sport. ⇨ Avant, je ne faisais pas de sport.

1) Maintenant, Paul a une maison.

⇨ Avant, ______________________________

2) Maintenant, Dominique prend l'avion.

⇨ Avant, ______________________________

3) Maintenant, j'aime la natation.

⇨ Avant, ______________________________

4) Maintenant, mon père va au cinéma.

⇨ Avant, ______________________________

5) Maintenant, j'écris en anglais.

⇨ Avant, ______________________________

6) Maintenant, mon neveu peut faire du ski.

⇨ Avant, ______________________________

7) Maintenant, Danielle travaille dans l'informatique.

⇨ Avant, ______________________________

2. 형용사의 위치

대부분의 형용사는 명사 뒤에 위치한다. 다음 형용사들은 명사 앞에도 위치할 수 있다.

autre, beau(bel, belle), bon(bonne), grand(grande), gros(grosse), jeune, joli(jolie), mauvais(mauvaise), nouveau(nouvel, nouvelle), petit(petite), vieux(vieil, vieille), ancien(ancienne), dernier(dernière), etc.

C'était un bon compliment.

C'était un plat très bon.

Il faut un gros poulet pour ce soir.

C'est un paquet trop gros à déplacer.

Antoine est un grand homme, je l'admire.

그러나 서수 형용사는 항상 명사 앞에 위치한다.[18]

premier (première), deuxième, troisième, dixième, centième, etc.

Mathilde est la troisième enfant de Patricia.

C'est vrai, la première tasse de thé vert est amère à boire.

반대로 국적, 종교, 형태, 색깔 등을 나타내는 형용사는 명사 뒤에 위치한다.

Il y a un étudiant français qui veut suivre des cours de coréen.

Antoinette est une femme catholique, et il ne faut pas la déranger.

C'est une table carrée ; je voulais une table ronde.

Je voudrais essayer ces bottes bleues, s'il vous plaît.

---

18 발루아(Valois)왕가의 아홉 번째 왕 François Ier(premier)는 왕의 명칭으로 예외이다.

형용사 beau, nouveau, vieux는 모음 충돌을 막기 위해 모음이나 무음 h로 시작하는 남성명사 앞에서 bel, nouvel, vieil로 형태가 바뀐다.

BEAU	단수	복수
자음으로 시작하는 남성명사와 함께	beau un beau garçon	beaux
모음이나 무음 h로 시작하는 남성명사와 함께	bel un bel hôtel	
모든 여성명사와 함께	belle une belle musique	belles

NOUVEAU	단수	복수
자음으로 시작하는 남성명사와 함께	nouveau un nouveau piano	nouveaux
모음이나 무음 h로 시작하는 남성명사와 함께	nouvel un nouvel ami	
모든 여성명사와 함께	nouvelle une nouvelle voiture	nouvelles

VIEUX	단수	복수
자음으로 시작하는 남성명사와 함께	vieux un vieux chateau	vieux
모음이나 무음 h로 시작하는 남성명사와 함께	vieil un vieil appartement	
모든 여성명사와 함께	vieille une vieille maison	vieilles

복수 형태의 형용사가 명사 앞에 위치하는 경우 부정관사 des는 de로 형태가 바뀐다.

J'ai ~~des nouveaux amis~~. ⇨ J'ai de nouveaux amis.

Dans ce musée, il y a ~~des belles peintures~~. ⇨ (...) il y a de belles peintures.

라. 다음 단어의 알맞은 복수 형태를 넣으세요.

1) un bel appartement ⇨ ______________________

2) un bon livre ⇨ ______________________

3) un époux heureux ⇨ ______________________

4) un nouvel arbre ⇨ ______________________

5) une jolie robe ⇨ ______________________

6) une table ronde ⇨ ______________________

7) un livre intéressant ⇨ ______________________

8) une actrice célèbre ⇨ ______________________

9) un enfant vif ⇨ ______________________

10) un vieil homme ⇨ ______________________

11) une belle voiture ⇨ ______________________

12) un sportif français ⇨ ______________________

명사와 형용사의 복수 형태 만들기

un animal – des animaux　　un cheval – des chevaux

mon principal collaborateur – mes principaux collaborateurs

마. 다음 괄호 안에 제시된 형용사를 알맞은 형태로 넣으세요.

1) les pieds ______________ (froid)

2) les ______________ nouvelles (mauvais)

3) les chiens ______________ (gris)

4) les douleurs ______________ (maximal)

5) les ______________ ruisseaux (grand)

6) les lunettes ______________ (blanc)

7) les boucles d'oreilles ______________ (violet)

8) les jeux ______________ (international)

9) les histoires ______________ (bref)

10) le climat ______________ (sec)

11) une pianiste ______________ (charmant)

12) les ______________ musées (principal)

제 22과 면접보기

♧ 다음은 Festival 22과 내용입니다. 한국어 문장을 프랑스어로 쓰세요.

Mme Leroux : Bonjour. Asseyez-vous. Bon. Votre candidature nous intéresse. Reprenons votre curriculum vitæ. Alors... Vous avez 24 ans. 태어난 곳은 함부르크인데 포르투갈, 벨기에, 프랑스 등지에서 살았어요.

Claus : Oui, mon père travaille pour la Communauté européenne. Nous avons beaucoup voyagé.

Mme Ledoux : 그러면 여러 나라 언어를 할 줄 아시겠네요?

Calus : 네.

Mme Ledoux : 자유자재로 정보툴을 다루실 수 있으십니까?

Calus : Oui, Excel, Access...

Mme Ledoux : 네. 작년에 지멘스 회사에서 다섯 달 간 인턴을 하셨네요. Et ensuite ?

Claus : 저는 그르노블 상공회의소에서 비정규직으로 일했구요. 저번 주에 마쳤습니다.

Mme Ledoux : Donc, vous êtes libre ? 바로 시작하실 수 있으시겠어요?

Claus : 네, 하지만 그전에 이 회사와 직책에 관한 부가적인 정보를 알고 싶습니다.

Mme Ledoux : 당연하죠! 설명할게요.

출처: S. Poisson-Quinton et ali.(2005), *Festival* 1, p.118.

« J'ai trouvé du travail.
Je sais maîtriser des outils informatiques. »

22과 목표

1. 복합과거

1. 복합과거(le passé composé)

현재와 다른 과거 시점에서 일어난 행동이나 사건을 나타낸다.

Sujet + 조동사 현재 형태 + 동사의 과거분사(p.p)

1-1. 과거분사

규칙동사 -er과 -ir 그리고 불규칙 동사들의 과거분사의 형태는 다음과 같다.

parler	⇨ parlé	finir	⇨ fini	descendre	⇨ descendu
aller	⇨ allé	partir	⇨ parti	rendre	⇨ rendu
être	⇨ été	venir	⇨ venu	savoir	⇨ su
avoir	⇨ eu	rire	⇨ ri	voir	⇨ vu
faire	⇨ fait	connaître	⇨ connu	pouvoir	⇨ pu
prendre	⇨ pris	écrire	⇨ écrit	lire	⇨ lu
conduire	⇨ conduit	mettre	⇨ mis	boire	⇨ bu
naitre	⇨ né	dire	⇨ dit	croire	⇨ cru
mourir	⇨ mort	asseoir	⇨ assis	plaire	⇨ plu
offrir	⇨ offert	vaincre	⇨ vaincu	vouloir	⇨ voulu
craindre	⇨ craint	devoir	⇨ dû	valoir	⇨ valu
peindre	⇨ peint	vivre	⇨ vécu	falloir	⇨ fallu

복합과거의 형태는 올바른 조동사를 선택하고 과거분사의 일치에 대한 원칙을 이해하여 만들어야 한다.

1-2. 조동사 : être와 avoir

1) 다음 동사들은 être를 조동사로 취한다.

① 몇몇 자동사		② 모든 대명동사
①-1) 본래 자동사 aller, venir, revenir devenir, partir, arriver rester, demeurer naître, mourir, décéder advenir, intervenir, provenir, parvenir, redevenir, repartir	①-2) 자동사와 타동사로 사용될 수 있는 동사가 자동사로 사용된 경우만 entrer, sortir, rentrer monter, descendre, passer, tomber, retourner remonter, redescendre, repasser, retomber	se lever, se laver, se promener, se saluer, se ressembler, se parler, etc.

우선, ①-1)의 동사들은 본래 자동사로 조동사는 être를 사용한다. 인칭에 따른 être의 현재 형태와 본래 동사의 과거분사 형태를 합쳐 복합과거의 형태를 만든다.

Sujet + 조동사 être의 현재 형태 + 본래 동사의 과거분사(p.p)

Je vais à la fac. ⇨ Je suis allé à la fac.

Amadou vient de Paris. ⇨ Amadou est venu de Paris.

Thierry devient pilote d'avion. ⇨ Thierry est devenu pilote d'avion.

Daniel revient du Pérou. ⇨ Daniel est revenu du Pérou.

Pierre arrive à la gare. ⇨ Pierre est arrivé à la gare.

Emile reste à la maison. ⇨ Emile est resté à la maison.

L'enfant de Paul naît bientôt. ⇨ L'enfant de Paul est né hier.

Le grand-père d'Yvan meurt. ⇨ Le grand-père d'Yvan est mort hier.

①-2)의 동사들은 자동사 또는 타동사로 사용될 수 있는 동사들이다. 우선 자동사와 타동사의 쓰임을 알아보도록 한다.

entrer	David entre dans la salle.(자동사) Julie entre le code de la porte.(타동사)
sortir	Manu sort le soir.(자동사) Annette sort du fromage du frigo.(타동사)
rentrer	Thierry rentre chez lui très tard.(자동사) Paul rentre sa grande voiture au garage.(타동사)
monter	Antoine monte dans le bus.(자동사) Agnès monte ses valises au grenier.(타동사)
descendre	Daniel descend du train.(자동사) Juliette descend des livres du grenier.(타동사)
passer	Patrick passe par le centre-ville.(자동사) Marie passe une semaine au bord de la mer.(타동사)
tomber	Pierre tombe dans les pommes.(자동사) Rozana tombe le masque.(타동사)
retourner	Paul retourne dans son pays.(자동사) Yvonne retourne sa veste.(타동사)

①-2)의 동사들이 자동사로 사용될 경우에만 être를 조동사로 사용한다. 인칭에 따른 être의 현재 형태와 본래 동사의 과거분사 형태를 합쳐 복합과거의 형태를 만든다.

Sujet + 조동사 être의 현재 형태 + 본래 동사의 과거분사(p.p)

David entre dans la salle. ⇨ David est entré dans la salle.

Manu sort le soir. ⇨ Manu est sorti le soir.

Thierry rentre chez lui. ⇨ Thierry est rentré chez lui.

Antoine monte dans le bus. ⇨ Antoine est monté dans le bus.

Daniel descend du train. ⇨ Daniel est descendu du train.

Patrick passe par le centre-ville. ⇨ Patrick est passé par le centre-ville.

Pierre tombe dans les pommes. ⇨ Pierre est tombé dans les pommes.

Paul retourne dans son pays. ⇨ Paul est retourné dans son pays.

② 모든 대명동사도 être를 조동사로 사용한다. 인칭에 따른 être의 현재 형태와 대명동사의 과거분사 형태를 합쳐 복합과거의 형태를 만든다. 이때 대명동사의 대명사는 être의 현재 형태 앞에 위치한다.

Sujet + se + 조동사 être의 현재 형태 + 본래 동사의 과거분사(p.p)

Je m'appelle Kim Sumi. ⇨ Je me suis appelé Kim Sumi.

Tu te lèves tard. ⇨ Tu t'es levé tard.

David se lève à 6h. ⇨ David s'est levé à 6h.

Manu se lave les mains. ⇨ Manu s'est lavé les mains.

Antoine et Anatole se parlent. ⇨ Antoine et Anatole se sont parlé.

Daniel se promène le soir. ⇨ Daniel s'est promené le soir.

Ce vélo se vend tous les jours. ⇨ Ce vélo s'est vendu tous les jours.

Emile s'installe à Paris. ⇨ Emile s'est installé à Paris.

가. 다음은 현재 형태의 동사를 복합과거로 만든 문장들입니다. 잘못된 것을 고르고, 알맞은 형태로 바꾸어 넣으세요.

1) Je cours tous les matins. ⇨ Je suis couru tous les matins.

2) Paul et Pierre bougent. ⇨ Paul et Pierre être bougé.

3) Manu et Pauline se saluent. ⇨ Manu et Pauline sont se salué.

4) David se lève. ⇨ Davie se être lèvé.

5) Daniel se lave les cheveux. ⇨ Daniel s'a lavé les cheveux.

6) Thierry et son amie se promènent. ⇨ Thierry et son amie s'ont promené.

7) Paul et son voisin se ressemblent. ⇨ Paul et son voisin s'est ressemblé

8) Pauline entre le code. ⇨ Pauline sont entré le code.

9) Sylvain monte l'escalier. ⇨ Sylvain est monté l'escalier.

10) Antoine tourne à gauche. ⇨ Antoine est tourné à gauche.

11) Sophie sort du fromage. ⇨ Sophie est sorti du fromage.

12) Emmanuel traverse la rue. ⇨ Emmanuel est traversé la rue.

13) Le patron déplace une virgule. ⇨ Le patron est déplacé une virgule.

14) Le maire rejette ce projet. ⇨ Le maire est rejeté ce projet.

15) Annie invente cette machine. ⇨ Annie est inventée cette machine.

2) 다음 동사들은 avoir를 조동사로 취한다.

앞에서 다룬 ①-1)과 ①-2) 그리고 ②에서 다룬 동사 이외의 모든 동사는 avoir를 조동사로 사용한다.

Sujet + 조동사 avoir의 현재 형태 + 본래 동사의 과거분사(p.p)

Julie entre le code de la porte. ⇨ Julie a entré le code ...

Annette sort du fromage du frigo. ⇨ Annette a sorti du fromage ...

Agnès monte ses valises au grenier. ⇨ Agnès a monté ses valises ...

Juliette descend des livres du grenier. ⇨ Juliette a descendu des livres ...

Marie passe une semaine à la mer. ⇨ Marie a passé une semaine ...

Rozana tombe le masque. ⇨ Rozana a tombé le masque.

Yvonne retourne sa veste. ⇨ Yvonne a retourné sa veste.

avoir : J'ai eu en 2008 l'argent qu'il fallait pour partir en France.

être : Julie a été très heureuse de nous revoir.

vouloir : Mes parents ont voulu partir en vacances au mois de février.

pouvoir : Nous avons pu repasser chez Mamie.

savoir : Vous avez su que les parents de Paul partaient en vacances ?

voir : J'ai vu hier soir que Sophie et Pierre se disputaient dans la rue.

connaître : Tu as connu les parents de Sophie aux Philippines ?

prendre : A l'époque, Sylvie a pris 3 mois de congés.

vivre : Mes grands-parents ont vécu en France pour faire leurs études.

rendre : Sylvie et sa sœur m'ont enfin rendu l'ordinateur portable.

boire : Le père de Paul a bu tous les soirs, quand Paul l'avait quitté.

dire : Mon professeur m'a dit de préparer un exposé à ce colloque.

plaire : Il y avait une fête chez Pierre. J'ai été invité. Je lui ai plu.

faire : Nous avons fait un gâteau d'anniversaire.

1-3. 과거분사의 일치

주어의 남성·여성과 단수·복수의 일치와 목적어의 남성·여성과 단수·복수의 일치로 구분할 수 있다.

1) être를 조동사로 취하는 자동사들은 주어의 성·수에 과거분사를 일치시킨다.

Sophie et Sylvie vont à la fac. ⇨ Sophie et Sylvie sont allé**es** à la fac.

Annette vient de Paris. ⇨ Annette est venu**e** de Paris.

Pauline devient pilote d'avion. ⇨ Pauline est devenu**e** pilote d'avion.

Danielle revient du Pérou. ⇨ Danielle est revenu**e** du Pérou.

Pierrette arrive à la gare. ⇨ Pierrette est arrivé**e** à la gare.

Emilie reste à la maison. ⇨ Emilie est resté**e** à la maison.

La petite fille de Paul naît bientôt. ⇨ La petite fille de Paul est né**e** hier.

La grand-mère d'Yvan meurt. ⇨ La grand-mère d'Yvan est mort**e** hier.

Danièle entre dans la salle. ⇨ Danièle est entré**e** dans la salle.

Emma sort le soir. ⇨ Emma est sorti**e** le soir.

Anaëlle rentre chez elle. ⇨ Anaëlle est rentré**e** chez elle.

Antoinette monte dans le bus. ⇨ Antoinette est monté**e** dans le bus.

Paul et moi, nous descendons du train. ⇨ Nous sommes descendu**s** du train.

Patricia passe par là. ⇨ Patricia est passé**e** par là.

Anne tombe dans les pommes. ⇨ Anne est tombé**e** dans les pommes.

Marie retourne dans son pays. ⇨ Marie est retourné**e** dans son pays.

« Nous descendons. »

« Nous sommes descendues
et nous avons fait un bonhomme de neige. »

다음의 복합과거 형태는 주어의 성 · 수에 과거분사를 일치시키지 않아 올바르지 않다.

Sophie et Sylvie ~~sont allé~~ à la fac.
Pauline ~~est devenu~~ pilote d'avion.
Pierrette ~~est arrivé~~ à la gare.
La petite fille ~~est né~~ hier.
Danièle ~~est entré~~ dans la salle.
Anaëlle ~~est rentré~~ chez elle.
Nous ~~sommes descendu~~ du train.
Anne ~~est tombé~~ dans les pommes.

Annette ~~est venu~~ de Paris.
Danielle ~~est revenu~~ du Pérou.
Emilie ~~est resté~~ à la maison.
La grand-mère ~~est mort~~ hier.
Emma ~~est sorti~~ le soir.
Antoinette ~~est monté~~ dans le bus.
Patricia ~~est passé~~ par là.
Marie ~~est retourné~~ dans son pays.

나. 다음 문장에서 사용된 동사의 알맞은 복합과거 형태를 넣으세요.

1) Juliette sort tous les weekends. ⇨ ____________________

2) Patricia vient en Corée pour me voir. ⇨ ____________________

3) Julie et sa mère rentrent vers 7 heures du soir. ⇨ ____________________

4) Emile et son grand frère vont à Barcelone. ⇨ ____________________

5) Clément passe par le centre-ville. ⇨ ____________________

6) Oh là là ! Tes enfants montent au grenier. ⇨ ____________________

7) Les parents de Lucas reviennent de Bolivie. ⇨ ____________________

8) Mathilde descend au centre-ville. ⇨ ____________________

9) Clémentine et son ami entrent dans la salle de concert. ⇨ ____________________

10) Les enfants de Daniel arrivent sur le campus. ⇨ ____________________

2) avoir를 조동사로 취하는 동사들은 직접목적보어 대명사(COD)가 과거분사 앞에 위치할 때 COD의 성·수에 과거분사를 일치시킨다.

Sophie ? Tu la connais ? ⇨ Oui, je **l'**ai connu**e** il y a 20 ans. (l' = Sophie)

La maison bleue, je l'achète bientôt. ⇨ Cette maison, je **l'**ai achet**ée**. (l' = la maison verte)

Ta valise ? Je la monte tout de suite. ⇨ Oui, je **l'**ai mont**ée**. (l' = ta valise)

Les enfants ? Tu les conduis à l'école ? ⇨ Oui, je **les** ai conduit**s** à l'école. (les = les enfants)

조동사 avoir를 취하는 동사들의 COD가 동사 뒤에 위치하면, 과거분사를 일치시키지 않는다.

Tu connais Sophie ? ⇨ J'ai connu Sophie il y a 20 ans.
~~J'ai connue~~ Sophie il y a 20 ans. (×)

J'achète bientôt cette maison bleue. ⇨ J'ai acheté cette maison.
~~J'ai achetée~~ cette maison. (×)

Je monte ta valise tout de suite. ⇨ J'ai monté ta valise.
~~J'ai montée~~ ta valise. (×)

Tu conduis les enfants à l'école ? ⇨ Oui, ~~j'y ai conduit~~ les enfants. (×)

3) 대명동사의 과거분사 일치

대명동사를 복합과거 형태로 만들 때 과거분사를 모두 주어의 성·수에 일치시키는 것이 아니라 대명동사를 이루는 대명사 se의 속성에 따라 반드시 과거분사를 일치시켜야 하는 경우가 있고, 절대로 일치시켜서는 안 되는 경우가 있다.

우선 대명사 se의 속성에 대해 알아보자.

① 본래 동사 자체가 간접목적어를 필요로 하는지, 직접목적보어를 필요로 하는지를 구분해야 한다.

①-1) 간접목적보어 대명사(COI)를 취하는 타동사로부터 만들어진 대명동사

écrire à 人 (COI) - s'écrire

parler à 人 (COI) - se parler

ressembler à 人 (COI) - se ressembler

téléphoner à 人 (COI) - se téléphoner

demander[19] à 人 (COI) - se demander

dire[20] à 人 (COI) - se dire

①-2) 직접목적보어 대명사(COD)를 취하는 타동사로부터 만들어진 대명동사

aimer qq'un[21] (COD) - s'aimer

appeler qq'un (COD) - s'appeler

arrêter qq'un (COD) - s'arrêter

coucher qq'un (COD) - se coucher

laver qqch[22] (COD) - se laver

lever qq'un (COD) - se lever

regarder qq'un (COD) - se regarder

rencontrer qq'un (COD) - se rencontrer

retrouver qqch / qq'un (COD) - se retrouver

saluer qq'un (COD) - se saluer

vendre qqch (COD) - se vendre

---

19 demander는 à 人 와 직접 목적어를 가지는 동사이다.
20 dire는 à 人 와 직접 목적어를 가지는 동사이다.
21 quelqu'un의 줄임말이다.
22 quelque chose의 줄임말이다.

①-3) 대명사 se 없이는 독립적인 동사로 존재하지 못하는 대명동사

se souvenir (de) : Je me souviens de cette vieille chanson.
se méfier (de) : Je me méfie de ses promesses.
s'en aller : Je m'en vais !

se가 COD의 역할을 하는 ①-2)와 se가 주어를 가리키는 ①-3)의 대명동사들은 과거분사를 se의 성·수에 일치시킨다. 이때 se는 주어의 성·수와 같다.

s'aimer :

Yonghee et ses enfants se sont aimé**s** il y a dix ans.

s'arrêter :

Les universités françaises se sont arrêté**es** le 20 décembre.

se coucher :

Les amies de Pauline se sont couché**es** vers 8 heures.

se laver :

Sylvie s'est lavé**e** deux fois par jour.

se rencontrer :

Minji et son mari se sont rencontré**s** à Paris en 1996.

se saluer :

Les étudiants se sont salué**s** en français chaque jour.

se vendre :

Ces maisons vertes se sont vendu**es** comme des petits pains en 1996.

se souvenir :

Ma grand-mère s'est souvenu**e** de son enfance.

s'en aller :

Manu et sa copine s'en sont allé**s** tout de suite après le concert.

se가 COI의 역할을 하는 ①-1)의 대명동사들은 se의 성·수에 과거분사를 일치시키지 않는다.

se téléphoner :

Juliette et sa mère se sont téléphoné une fois tous les deux jours.

se demander :

Marie s'est demandé si elle pouvait faire du ski au mois de février.

se dire :

Mes parents se sont dit que nous sortions très souvent le soir.

se parler :

Les frères de Pauline ne se sont pas parlé depuis 3 ans.

se ressembler :

Mes enfants ne se sont pas du tout ressemblé quand ils étaient petits.

다. 다음 글에서 현재 형태의 동사를 알맞은 복합과거 형태로 넣으세요.

Ce matin, Cornélia se réveille à 8 heures. Elle se lève un quart d'heure après et elle prend son petit déjeuner. À 10h, elle se souvient de son rendez-vous chez le dentiste à 10h45. Elle se dépêche. Elle prend sa douche et s'habille en dix minutes. Elle part de chez elle à 10h35 et elle arrive chez le dentiste à 10h43. Elle n'est pas en retard !

부사의 위치

몇몇 부사들은 동사의 현재 형태와 복합과거의 형태(조동사의 현재 형태 + 과거분사)와 사용된 경우 모두 현재 형태의 동사 뒤에 위치한다.

Tu fais bien de jouer dehors.	Tu as bien fait de jouer dehors.
Je voyage beaucoup.	J'ai beaucoup voyagé.
Sophie retrouve aussi ses amis.	Sophie a aussi retrouvé ses amis.
Paul prend simplement un café.	Paul a simplement pris un café.
Mon fils entame déjà la bouteille.	Mon fils a déjà entamé la bouteille.

다음 부사들은 복합과거 형태와 사용된 경우 과거분사 뒤에 위치해야 한다.

- 시간을 나타내는 부사 : tard

- 장소를 나타내는 부사 : dehors

여러 단어로 구성된 부사구들도 과거분사 뒤에 위치한다.

tous les jours, avec plaisir 등

Emilie rentre tard.	Emilie est rentrée tard. Emilie est tard rentrée. (×)
Tu joues dehors ?	Tu as joué dehors ? Tu as dehors joué ? (×)
Pierre court tous les jours.	Pierre a couru tous les jours. Pierre a tous les jours couru. (×)
Dany accepte de partir avec plaisir.	Dany a accepté avec plaisir de partir. Dany a avec plaisir accepté de partir. (×)

라. 다음 문장에서 현재 형태의 동사를 알맞은 복합과거 형태로 넣으세요.

1) Mes parents et moi, nous voyageons beaucoup.

⇨ ______________________________ en 2000.

2) Sophie et Julie sortent tous les soirs.

⇨ ________________________ il y a 2 ans.

3) Mes filles montent des vêtements au premier étage.

⇨ ___________________________________ hier.

4) Lucie fait du patin à la patinoire de Daejeon.

⇨ ________________________ cet après-midi.

5) Après la réunion, Annette se lave les mains dans la salle de bains.

⇨ Après la réunion de ce matin, __________________________

6) Julien et son frère rentrent leurs affaires dans la salle A.

⇨ Ce jour-là, _________________________________

7) Le cousin de Julie et sa petite amie s'aiment.

⇨ _____________________________________ il y a 2 ans.

8) Mon père et mon oncle se ressemblent comme deux gouttes d'eau.

⇨ Quand mon père et mon oncle étaient petits, _________________

9) Le grand-père de Paul retourne la terre au printemps.

⇨ ______________________________ au printemps dernier.

마. 다음 보기처럼 elle을 주어로 하여 대명동사를 알맞은 복합과거 형태로 넣으세요.

[보기] se réveiller tard. ⇨ Elle s'est réveillée tard.

1) se rendre dans son bureau

⇨ ____________________

2) se doucher à 7 heures du matin

⇨ ____________________

3) se coiffer

⇨ ____________________

4) se maquiller

⇨ ____________________

5) se dépêcher de prendre le train

⇨ ____________________

6) se servir de son smartphone

⇨ ____________________

7) se lever à 8 heures du matin

⇨ ____________________

8) se diriger vers le métro pour aller à son bureau

⇨ ____________________

바. 다음 잘못된 복합과거 형태를 골라 알맞은 형태로 바꾸세요.

1) - Rose, tu as prise du lait cet après-midi ?

- Non, plutôt du jus d'orange. J'ai prise aussi du chocolat chaud.

⇨ ______________________________

2) - Wow, ils se sont vraiment ressemblés, ton fils et ton cousin !

- C'est vrai ? Tu es la première personne qui dit ça !

⇨ ______________________________

3) - Maman, j'ai fait la lessive hier. Ça t'a plue ?

- Oui, tu es adorable.

⇨ ______________________________

4) - Mes grands-parents ont déménagés. Maintenant ils habitent à Nice.

- Ah bon ? Tu voudras aller les voir ?

⇨ ______________________________

5) - Allô ? C'est Sylvie. Je suis revenue de mes vacances. Tout le monde va bien ?

- Oui, tout va bien ici. Tu as passée de bonnes vacances ?

⇨ ______________________________

6) - Enfin, vous voilà ! Je vous ai longuement attendu au café !

- Excuse-nous ! Mais, combien de temps tu nous a attendu ? On m'a dit que tu venais d'arriver ...

⇨ ______________________________

사. 다음 글은 답장으로 보낸 이메일의 내용입니다. 괄호 안의 동사를 복합과거 형태로 만들어 넣으세요.

Chère Minji,

Je ①(être) contente de recevoir tes nouvelles, merci Internet !!
Moi aussi je te souhaite une BONNE et HEUREUSE année ! Qu'elle soit bonne pour ta santé et heureuse pour tes projets, tes activités, tes rencontres, enfin tout ce qui est important pour toi.
Pour ma part, ça va assez bien, oui le temps passe vite... je ②(avoir) 60 ans en octobre, je n'arrive pas à le croire !! ...
Oui, j'habite toujours à Voreppe, je serai heureuse de recevoir ce livre. Bravo pour ce travail avec les étudiants.
Oui, je ③(voir), il y a quelque temps à Besançon, Geneviève (partie à Cuba aux vacances de Noël), Gilberte, mais Elisabeth seulement par mail. Tout le monde va assez bien et chemine avec ses évènements, joyeux et tristes, ses questions humaines ...
En France, il y a des gilets jaunes qui se manifent depuis 4 semaines. Tu connais les « Gilets jaunes » ? Ce sont des gens qui ont du mal à terminer leur mois avec leur salaire, et qui ④(mettre) un gilet jaune pour montrer leur colère dû à l'augmentation du carburant.
En Corée, avez-vous ce genre de problèmes ?
Je te souhaite de bien te reposer pendant ces vacances !
Comment vont tes parents ? Penses-tu venir en France cet été ?
Je vais te laisser en t'embrassant bien fort. Patrice te dit aussi « Bonne année ! ».
Bises,

Catherine

① ____________________ ② ____________________

③ ____________________ ④ ____________________

제 23과 지난 휴가에 대해 말하기

♧ 다음은 Festival 23과 내용입니다. 한국어 문장을 프랑스어로 쓰세요.

Le présentateur : Bonjour Mesdames et Messieurs. Nous sommes en direct de l'aéroport Roissy Charles de Gaulle. Nous attendons notre charmante gagnante de l'année dernière : Dany. 여러분 기억하시죠?! '행운의 수레바퀴'에서 50000 유로의 엄청난 상금을 타셨던 분이십니다. Ah ! Je la vois. Elle arrive. La voilà ! Dany, Dany, Madame Césaire ! S'il vous plaît. Pour TF1, vos premières impressions. Alors, Dany, c'était comment, ce séjour ?

Dany : Oh ! Pour moi, c'était... le paradis !

Le présentateur : Le paradis, vraiment ?

Dany : Oh oui ! 노모와 오빠, 두 여동생, 사촌들, 삼촌들 그리고 이모들과 재회했어요.

Le présentateur : 너무 감격 했겠어요, Dany ?

Dany : 네, 있잖아요, 저는 1975년에 포르드프랑스를 떠났어요. 저는 간호조무사로 19살에 프랑스에 왔죠. 저희 어머니는 프랑스에 두 번 밖에 못 오셨어요. 파리는 멀고, 비싼 곳이잖아요.

Le présentateur : C'était de magnifiques vacances aussi, Dany...

Dany : Oh oui ! 저는 바다가 보이는 멋진 전망을 가진 커다란 방에 있었죠. 파란 하늘, 이상적인 날씨였죠. 배를 탔고, 수영을 했고, 산책을 하며, 아주 잘 먹었어요.

Le présentateur : Dany, 당신의 꿈이 TF1에서 실현되었네요.

Dany : Oh oui ! Merci. 절대로 잊지 못할거에요. 절대로.

출처: S. Poisson-Quinton et ali.(2005), *Festival* 1, p.122.

23과 목표

1. 복합과거 & 반과거
2. 복합과거의 부정문 만들기
3. 부정사 ne ... jamais
4. 형용사의 위치

« On était en vacances au bord de la mer !! »

1. 복합과거 & 반과거

1) 복합과거 용법 (복습)

사건	Un jour, je me suis cassé la jambe gauche. Paul est rentré chez lui et il a regardé la télévision. Pendant 5 ans, j'ai fait du sport.
변화	Avant, j'habitais à Paris et un jour j'ai déménagé à Nice. Ce matin, il faisait beau. À 13 heures il a neigé tout à coup.

2) 반과거 용법 (복습)

추억, 습관	Quand j'étais petite, je faisais du ski avec mon père. Avant, je faisais de la dance... Autrefois, j'allais souvent chez mes beaux parents...
묘사, 설명	Ce matin, le ciel était bleu et il faisait beau. De 1392 à 1897, mon pays s'appelait le royaume de Joseon.

« Avant, les gens avaient beaucoup d'enfants... »

가. 다음 보기처럼 동사의 현재 형태를 알맞은 반과거와 복합과거 형태로 바꾸어 넣으세요.

> [보기] Paul déménage parce que son voisin fait beaucoup de bruits.
> ⇨ Paul a déménagé parce que son voisin faisait beaucoup de bruits.

1) Sylvie change d'emploi, car elle ne s'entend pas bien avec ses collègues.

⇨ ______________________________

2) Le typhon est très violent, alors des maisons s'effondrent.

⇨ ______________________________

3) Il pleut depuis avant-hier et brusquement il fait beau !

⇨ ______________________________

4) Pierre s'endort, mais il veut voir cette comédie musicale.

⇨ ______________________________

5) Sophie veut prendre l'avion, mais finalement elle prend le train.

⇨ ______________________________

6) Comme il pleut beaucoup, Sylvie rentre chez elle.

⇨ ______________________________

7) Quand j'arrive chez elle, ses enfants s'endorment.

⇨ ______________________________

8) Quand nous sommes jeunes, nous partons à la pêche.

⇨ ______________________________

2. 복합과거의 부정문 만들기

Sujet + ne + 조동사 être 현재 형태 + pas + 동사의 과거분사(p.p)

Je <u>ne vais pas</u> à la fac.

⇨ Je ne suis pas allé à la fac.

Amadou <u>ne vient pas</u> de Paris.

⇨ Amadou n'est pas venu de Paris.

Emile <u>ne reste pas</u> à la maison.

⇨ Emile n'est pas resté à la maison.

David <u>n'entre pas</u> dans la salle.

⇨ David n'est pas entré dans la salle.

Manu <u>ne sort pas</u> le soir.

⇨ Manu n'est pas sorti le soir.

Thierry <u>ne rentre pas</u> chez lui.

⇨ Thierry n'est pas rentré chez lui.

Daniel <u>ne descend pas</u> du train.

⇨ Daniel n'est pas descendu du train.

Julie <u>n'entre pas</u> le code.

⇨ Julie n'a pas entré le code.

Annette <u>ne sort pas</u> du fromage.

⇨ Annette n'a pas sorti de fromage.

Agnès <u>ne monte pas</u> ses valises.

⇨ Agnès n'a pas monté ses valise.

Yvonne <u>ne retourne pas</u> sa veste.

⇨ Yvonne n'a pas retourné sa veste.

Marie <u>ne passe pas</u> une semaine à la mer.

⇨ Marie n'a pas passé une semaine à la mer.

Sujet + ne + se + 조동사 être 현재 형태 + pas + 동사의 과거분사(p.p)

Sylvie ne se lève pas tard.

⇨ Sylvie ne s'est pas levée tard.

Manu ne se lave pas les mains.

⇨ Manu ne s'est pas lavé les mains.

Daniel ne se promène pas le soir.

⇨ Daniel ne s'est pas promené ce soir.

Ce vélo ne se vend pas.

⇨ Ce vélo ne s'est pas vendu.

Emilie ne s'installe pas à Paris.

⇨ Emilie ne s'est pas installée à Paris.

Sujet + ne + 직접목적보어 대명사 + 조동사 avoir 현재 형태 + pas + 동사의 과거분사(p.p)

Sophie ? Tu ne la connais pas ?

⇨ Sophie ? Je ne **l'**ai pas connu**e**.

La maison bleue, je ne l'achète pas.

⇨ Cette maison, je ne **l'**ai pas acheté**e**.

Ta valise ? Je ne la monte pas tout de suite.

⇨ Ta valise ? Je ne **l'**ai pas monté**e** tout de suite.

Les enfants ? Tu ne les conduis pas à l'école ?

⇨ Les enfants ? Je ne **les** ai pas conduit**s** à l'école.

나. 다음 문장을 알맞은 부정문으로 만들어 넣으세요.

1) J'ai entendu le réveil, je suis arrivé en retard.

⇨ ______________________________

2) J'ai réussi mon examen.

⇨ ______________________________

3) Elle est partie hier pour la France.

⇨ ______________________________

4) Elles sont allées au marché.

⇨ ______________________________

5) J'ai passé des vacances agréables.

⇨ ______________________________

6) Elle est rentrée à la maison.

⇨ ______________________________

7) J'ai trouvé quelque chose d'intéressant.

⇨ ______________________________

8) Elle s'est réveillée tard, alors elle a raté le train.

⇨ ______________________________

9) Hier, on s'est vu dans un restaurant, on a dîné et on est rentré tard.

⇨ ______________________________

다. 다음 글에서 괄호 안의 동사를 알맞은 반과거나 복합과거 형태로 넣으세요.

1) Il y ________(avoir) un ours et un tigre dans la forêt profonde. Un jour, ils ________(demander) au dieu Hwanwoong de les transformer en hommes. Pour pouvoir devenir hommes, le tigre et l'ours ________(devoir) rester cent jours dans la grotte sans en[23] sortir. Ils avait seulement de l'ail et de l'armoise comme nourriture. Le tigre souffrait au bout de vingt jours de ne plus manger de viande ; il ________(se sauver). Mais l'ours ________(resister) et ________(devenir) enfin femme. On l'a appelé Ungnyeo. Elle ________(vouloir) avoir un enfant, alors Hwanwoong ________ (se métamorphoser) temporairement en homme pour se marier avec elle. Elle ________(accoucher) d'un fils, Dangun, qui[24] a fondé la Corée.

« C'est un palais de Corée. »

---

23 en은 'de NOM'을 대신하는 대명사로 de cette grotte를 대신한다.
24 qui는 주어를 가리키는 관계대명사이다.

2) Il y a très longtemps, un bûcheron pauvre vivait avec sa vieille mère dans la forêt d'Iri, une province de Jeolla. Il ________(prendre) en charge la famille en bûcheronnant tous les jours avec sa seule et unique hache de fer. Comme d'habitude, le bûcheron ________(ramasser) du bois dans la montagne. Alors qu'il essayait de couper un arbre, la hache lui ________ (glisser soudainement) des mains et ________(tomber) dans le lac. À ce moment-là, l'esprit de la montagne est apparu avec une hache d'or dans une main et une hache de fer au manche brisé dans l'autre.
Il lui a demandé : « Quelle hache est à toi ? ».
Alors, le bûcheron lui ________(répondre) que celle de fer était la sienne.[25]
L'esprit de la montagne a sincèrement été touché par son honnêteté. Alors, il lui ________(donner) la hache en or.
Le bûcheron a commencé à entailler un arbre et des pièces d'or ont jailli. Avec ces pièces le bûcheron est devenu riche et il ________(nourrir) sa famille avec de bonnes choses.
Un bûcheron avare et paresseux du village voisin a entendu cette nouvelle, il ________ (avoir) envie de devenir riche lui aussi. Il ________(aller) près du même lac et y ________(faire) glisser volontairement sa hache après avoir donné quelques coups dans un arbre. L'esprit de la montagne est alors apparu et lui ________(poser) la même question. Ce bûcheron malhonnête ________(répondre) : « La hache en or est à moi. ». Et l'esprit de la montagne lui ________(rendre) sa hache. Le bûcheron ________(chercher) le plus grand arbre de la forêt et ________(donner) des coups de hache. Des serpents en[26] ________(sortir) et ________(attaquer) ce rapace. Ce dernier ________(regretter) d'avoir été malhônete et d'avoir menti.

---

25 la sienne은 대명사로 la hache du bûcheron을 대신한다.
26 en은 대명사로 de cet arbre를 대신한다.

2. 형용사의 위치

다음 형용사들은 명사 앞이나 뒤의 위치에 따라 뜻이 달라진다.

ancien, ancienne	les meubles anciens, l'ancienne copine
cher, chère	une bague chère, mon cher ami
dernier, dernière	la semaine dernière, la dernière personne
grand, grande	un garçon (très) grand pour son âge, un grand savant
pauvre	un homme pauvre, un pauvre homme
propre	une chambre propre, sa propre maison
seul, seule	un homme seul, son seul heriter
simple	une question simple, une simple formalité
vrai, vraie	une histoire vraie, une vraie histoire

라. 다음 문장을 한국어로 옮겨 쓰세요.

1) Nous avons appris le passé composé la semaine dernière.

⇨ ____________________

2) Vous avez passé les vacances dans cet ancien château ?

⇨ ____________________

3) Le restaurant Rivoli se tenait dans un château ancien.

⇨ ____________________

4) Il fallait remplir ce fichier. C'était une simple formalité.

⇨ ____________________

5) Pierre est le seul héritier du patron du Moulin Rouge.

⇨ ____________________

6) David a tenu une conférence dans sa propre maison à Dijon.

⇨ ____________________

7) Emile a offert à sa fiancée une bague très chère.

⇨ ____________________

8) Ecoute-moi bien, je vais te raconter une histoire vraie.

⇨ ____________________

제 24과 사건에 대해 말하기

♧ 다음은 Festival 24과 내용입니다. 한국어 문장을 프랑스어로 쓰세요.

1) Sonia : 저 사람 잡아요, 저사람 잡아요. 저 사람이 제 물건을 훔쳐갔어요.
Ahmadou : 무슨 일이에요? 무슨 일인가요?
Sonia : 오! 이건 말도 안되요! 어떤 남자가 제 가방과 사진기를 훔쳐갔어요.
Ahmadou : Mais quand ?
Sonia : Mais là, maintenant, tout de suite ! 저는 문 가까이에 앉아 있었어요. 책을 읽고 있었구요. 제 가방과 사진기를 무릎 위에 두었었죠. 이건.. 이럴 수 없어요! 뭘 해야 할까요? 모든 걸 잃어버렸어요!
Ahmadou : Il faut aller à la police porter plainte.
Sonia : 근데 제가 어떻게 해야 할까요? 저와 함께 가주실래요?
Ahmadou : Oui, bien sûr. On y va.
Sonia : Oh merci.
Ahmadou : Allez, ne pleurez pas. Venez !

2) *Au commisariat...*
Ahmadou : Bonjour Monsieur. On a volé ses affaires...
L'inspecteur : Asseyez-vous. Je suis à vous dans une minute.
Un quart d'heure plus tard...
L'inspecteur : 자, 무슨 일이 일어난거죠?
Sonia : Bon, voilà, 저는 지하철에 있었고, 책을 읽고 있었어요. 무릎 위에 가방과 사진기를 놔두었죠. 몽파르나스역 바로 전에서 한 남자가 제 옆에 앉더니, 몽파르나스역에서 제 가방을 잡아채서 플랫폼으로 뛰어 내렸어요. 그리고는 아무것도. 아무것도 없네요.
L'inspecteur : 도둑을 묘사해주실 수 있을까요?
Sonia : 아니요. 저는 책을 읽고 있었고, 그 사람 등만 봤어요. 잠바와 청바지를 입고 있었던 것 같아요. 키가 작았고, 머리는 길었어요.
L'inspecteur : Bon, alors, on y va. 오늘은 1월 6일... 저녁 6시 반... 자, 이름은 ... 직업은 ...

3) *Une heure plus tard...*
Ahmadou : Allez, venez, je vous offre un petit café.
Sonia : Merci, c'est gentil
Ahmadou : Alors, vous vous appelez Sonia. C'est joli. 당신은 튀니지에서 오셨다구요?
Sonia : Oui. De Sfax.
Ahmadou : Moi, c'est Ahmadou, je viens de Côte d'Ivoire. C'est quoi, votre livre ? C'est bien ?

출처: S. Poisson-Quinton et ali.(2005), *Festival* 1, p.126.

24과 목표

1. 복합과거 & 반과거
2. 의문사
3. 복합과거와 ne rien과 ne personne의 위치

1. 복합과거 & 반과거(복습)

가. 다음 보기처럼 괄호 안의 동사를 복합과거 형태로 바꾸어 넣으세요. 이 때 대명사와 장소부사를 함께 사용하세요. 그런 다음 그 문장을 부정문으로 바꾸어 넣으세요.

[보기]	Je (connaître) les amies de Lucile à Paris. ⇨ Je les y ai connus. 부정문 ⇨ Je ne les y ai pas connus.

1) Je (rencontrer) Maryse et Sylvie dans un restaurant.

⇨ ____________________ 부정문 ⇨ ____________________

2) Juliette (voir) ses voisines au café.

⇨ ____________________ 부정문 ⇨ ____________________

3) Catherine et Gilberte (visiter) le musée d'Orsay.

⇨ ____________________ 부정문 ⇨ ____________________

4) Pauline (regarder) les gens dans le train.

⇨ ____________________ 부정문 ⇨ ____________________

5) Nous (attendre) nos amis en ville.

⇨ ____________________ 부정문 ⇨ ____________________

6) Céline (envoyer) des colis à ses parents.

⇨ ____________________ 부정문 ⇨ ____________________

나. 다음에서 알맞은 문장을 고르고 한국어로 옮기세요.

1) Quand Pierre s'est levé, il faisait nuit.
Quand Pierre s'est levé, il a fait nuit.
⇨ ______________________________

2) Quand j'ai ouvert la fenêtre, le froid entrait.
Quand j'ai ouvert la fenêtre, le froid est entré.
⇨ ______________________________

3) A la mairie, le jour de son mariage, Denis disait non.
A la mairie, le jour de son mariage, Denis a dit non.
⇨ ______________________________

4) Quand ma mère a retiré le gâteau du four, il brûlait.
Quand ma mère a retiré le gâteau du four, il a brûlé.
⇨ ______________________________

5) Après son intervention, je prenais une décision.
Après son intervention, j'ai pris une décision.
⇨ ______________________________

6) Quand elle a eu son premier enfant, Sophie avait 40 ans.
Quand elle a eu son premier enfant, Sophie a eu 40 ans.
⇨ ______________________________

7) Quand je suis sorti, je ne rencontrais personne.
Quand je suis sorti, je n'ai rencontré personne.
⇨ ______________________________

8) Le jour de leur mariage, Anne et Paul avaient deux enfants.
Le jour de leur mariage, Anne et Paul ont eu deux enfants.
⇨ ______________________________

9) Quand Jimin a poussé la porte, on lui souhaitait son anniversaire.
Quand Jimin a poussé la porte, on lui a souhaité son anniversaire.
⇨ ______________________________

다. 다음 괄호 안의 동사를 반과거나 복합과거 형태 중 알맞은 것으로 넣으세요.

1) Jadis vivaient deux frères : Nolbu et Heungbu. Le premier ________(être) riche et avare, il ________ (avoir) mauvais caractère. Le second avait bon cœur et était pauvre même s'il travaillait toute la journée et tous les jours. Tous les deux ________(avoir) une femme et des enfants, mais ils ________(vivre) ensemble dans la même maison avec leurs parents comme l'entendait la tradition.

Après le décès de leurs parents, l'aîné Nolbu et sa femme ________(expulser) la famille de Heungbu. Alors, ce dernier, démuni, ________(venir) régulièrement chez son frère mendier de la nourriture pour ses enfants affamés. Nolbu et sa femme ne lui ________ (donner) rien et ils le ________(battre) pour le mettre à la porte.

Le printemps est arrivé, et des hirondelles nichaient chez Heungbu. Un jour, une hirondelle ________(se casser) une patte, Heungbu la ________ (soigner) avec affection.

L'hirondelle guérie ________(amener) une graine au printemps suivant pour le remercier. C'était une graine de courge. Heungbu la ________ (planter) au jardin, une courge toute ronde a poussé.

Quand est venue la fête des récoltes, Heungbu et son épouse _________(ouvrir) la courge. En[27] _________(sortir) du riz, de l'argent, de la soie, de l'or et une maison toute dorée.

Nolbu _________(entendre) dire que la famille de son cadet vivait aisément depuis un moment. Et il _________(savoir) comment son frère _________(devenir) riche. Cet avare _________(désirer) être plus riche que son cadet et il _________(décider) d'imiter Heungbu. Il _________(attraper) une hirondelle, lui _________(casser) une patte et la _________(soigner). Au printemps suivant, cette hirondelle est revenue comme l'autre fois et a laissé tomber une graine de courge au-dessus de la tête de Nolbu. Ce dernier la _________(planter) toute de suite. La courge _________(pousser) très vite, et ce radin _________ (récolter) un fruit beaucoup plus grand que son petit frère. Nolbu le _________(ouvrir). Cette fois, en _________(sortir) des rats, de la boue, des mendiants, des voleurs et des tokkæbis, monstres coréens. Ces derniers _________(mettre) le feu à la maison de ce rapace.

Devenus affamés, Nolbu et sa femme _________(aller) pour demander à manger chez Heungbu. Après avoir entendu ce qui leur était arrivé, cet homme bon _________(décider) de nourrir Nolbu et sa femme avec leurs enfants. Le couple lui a demandé pardon. Depuis ce jour-là, les deux frères ont vécu heureux pour toujours.

---

27 en은 대명사로 de cette courge를 대신한다.

2) Il était une fois Jiknyeo, fille de l'Empereur céleste et Gyeonwoo. La première ________(tisser) et le second ________(garder) des moutons et des vaches. La tisserande et le berger ________(tomber) amoureux l'un de l'autre. Ils s'aimaient éperdument. Ils ________(être) tellement heureux ensemble qu'ils délaissaient leur travail. Et ils ________(devenir) paresseux : Jiknyeo ne tissait plus et Gyeonwoo ne gardait plus les moutons et les vaches.

L'Empereur, très en colère, ________(décider) de les séparer. Alors que le berger ________(être) expulsé à l'Est du Ciel, Jiknyeo ________(rester) seule au château à l'Ouest du Ciel pour tisser. Mais, comme ils ne pouvaient pas se passer l'un de l'autre, l'Empereur leur a permis de se rencontrer une seule fois par an sur la voie lactée : c'était le septième jour du septième mois du calendrier lunaire. Mais comme ils ________(être) tellement éloignés l'un de l'autre, ils ne ________(connaître) pas le moyen de se retrouver. Alors beaucoup d'oiseaux, surtout des pies et des corbeaux, venaient pour former un pont de part et d'autre de la voie lactée afin que Jiknyeo et Gyeonwoo se voient. C'est pourquoi ce pont s'appelle pont Ojak.

« Gyeonwoo et Jiknyeo vivaient-ils dans cette maison ? »

S'il pleut le soir du même jour, c'est, dit-on, parce qu'ils ont pleuré de joie, s'il pleut au petit matin du lendemain, c'est à cause de la tristesse due à la séparation de ces deux amoureux. À présent, le septième jour du calendrier lunaire est devenu la fête des amoureux.

라. 프랑스인 친구에게 본인의 어린시절에 대해 이야기 해주세요.

마. 대학생이 된 이후 현재까지 했던 일들을 프랑스어로 써보세요.

2. 의문사

Qui ⇨ 사람에 관한 질문	
Qui(사람) est-ce qui(주어) ? (qui로 축약 가능) - 누가	Qui veut partir ? C'est qui ?
Qui(사람) est-ce que(목적어) ? (qui로 축약 가능) - 누구를	Qui est-ce que tu cherches ? Qui cherches-tu ? Tu cherches qui ?
전치사 + qui	Avec qui ?
Que ⇨ 사물이나 활동에 관한 질문	
Qu(사물)'est-ce qui(주어) ? - 무엇이	Qu'est-ce qui se passe ?
Qu(사물)'est ce que(목적어) ? (que로 축약 가능) - 무엇을	Qu'est-ce que tu fais ? Que fais-tu ?

- Qui est-ce qui, Qui est-ce que는 qui로 축약이 가능하다.

  Qui est-ce ? - C'est Pierre, c'est mon ami.
  Qui cherches-tu ? - Je cherche un ami.
  C'est qui ? - C'est Mathilde.
  C'est une place pour qui ? - Pour Paul.

- Qu'est-ce que는 que로 축약이 가능하다.

  Que fais-tu ? - Je travaille. Je regarde la télévision.

♧ que는 주어와 동사 뒤에서 quoi로 바뀐다.

C'est quoi ? - C'est un ipod.

que는 전치사 뒤에서 quoi로 바뀐다.

À quoi ça sert ? - À écouter de la musique.
Avec quoi tu veux mélanger cette salade ?

다른 의문사 (복습)	
Quand (시간에 관한 질문)	Vous arrivez quand ? Quand est-ce que vous arrivez ?
Combien (수량에 관한 질문)	Vous voulez combien ? Combien est-ce que vous voulez ?
Où (장소에 관한 질문)	Vous allez où ? Où est-ce que vous allez ?

바. 다음 보기처럼 의문사를 바꾸어 넣으세요.

[보기] Qu'est-ce que Julien fait ? ⇨ Que fait Julien ?

1) Qu'est-ce que tu fais dans la vie ?

⇨ ______________________________

2) Qu'est-ce que vous étudiez ?

⇨ ______________________________

3) Qu'est-ce que vos enfants font samedi ?

⇨ ______________________________

4) Qu'est ce qu'elle regrette ?

⇨ ______________________________

5) Qu'est-ce qu'il dit ?

⇨ ______________________________

사. 다음 빈 칸에 qui, que, quoi 중 알맞은 것을 골라 넣으세요.

1) __________ accepte d'aller au restaurant ?

2) __________ nettoyez-vous ?

3) De __________ as-tu besoin pour le dîner ?

4) Paul utilise __________ pour laver sa chemise ?

5) __________ peuvent-elles faire pour préparer le déjeuner ?

6) __________ fait les courses ?

7) À __________ ressemble ce dessert ?

8) __________ choisit Sylvie ?

아. 다음 빈 칸에 quand, où, combien 중 알맞은 것을 골라 넣으세요.

1) __________ pars-tu au colloque ? ⇨ Dans trois ans.

2) __________ vont-elles ce weekend ? ⇨ À Bordeaux.

3) __________ a eu lieu le concert ? ⇨ À 19 heures.

4) __________ se trouve ton bureau ? ⇨ En banlieu.

5) __________ commences-tu à apprendre le français ? ⇨ À partir du 20 juin.

6) __________ coûte une place de théâtre ? ⇨ Pour un adulte, 45 euros.

7) __________ d'avocats voulez-vous prendre ? ⇨ Trois, s'il vous plaît.

3. 복합과거와 ne rien과 ne personne의 위치

- ne ... rien은 사물이나 대상의 절대적인 부정을 뜻한다.

Je vois quelque chose. ⇨ Je ne vois rien.

J'ai tout compris. ⇨ Je n'ai rien compris.

- 사람의 경우에는 ne ... personne를 사용한다.

Je vois une femme. ⇨ Je ne vois personne.

J'ai vu quelqu'un. ⇨ Je n'ai vu personne.

동사가 복합과거 형태일 경우 personne는 과거분사 다음에 위치한다.

자. 다음 보기처럼 동사의 현재 형태를 복합과거 형태로 바꾸어 넣으세요.

[보기] Je ne travaille rien. ⇨ Je n'ai rien travaillé.

1) Pierre ne connaît rien. ⇨ ______________________

2) Elodie ne trouve rien d'intéressant. ⇨ ______________________

3) Je n'invite jamais les voisins. ⇨ ______________________

4) Je ne comprends rien à ces exercices. ⇨ ______________________

5) Je ne prends jamais de vacances. ⇨ ______________________

6) Rien ne le gêne. ⇨ ______________________

7) Annie-Laure ne rencontre personne dans la rue.

⇨ ______________________

♧ les journaux en France[28]

En France il y a des journaux nationaux et régionaux. Ils paraissent tous jours aux kiosques. On les appelle les quotidiens.

- des journaux nationaux :
  France-Soir, La Croix, Le Figaro, l'Humanité, Libération, Le Monde, etc.

- des journaux régionaux :
  le Parisien, le Républicain, Sud-Ouest, Ouest-France, Le Républicain lorrain, Le Midi libre, Nice-Matin, Le Parisien, La Nouvelle République du Centre-Ouest, La Dépêche du Midi, La Voix du Nord, Le Progrès, L'Union, La République du Centre, La Provence, La Montagne, etc.

Il y a également des magazines hebdomadaires. Ils paraissent une fois toutes les semaines : le Nouvel Observateur, Paris Match, L'Express, Le Point, Marianne, VSD, etc.

Il y a aussi des revues mensuelles. Elles paraissent une fois par mois. Enfin, est apparu le terme « la presse numérique ».

차. 한국의 언론지에 대해서 프랑스 친구에게 설명해 보세요.

____

____

____

28 S. Poisson-Quinton et ali.(2005), *Festival* 1, p.129 참조. https://fr.wikipedia.org/wiki/Presse_%C3%A9crite 참조.

참고문헌 및 참고 사이트, 이미지 출처

참고문헌

프라임 불한사전(1998), 두산동아.

이은미(2018), 「중급프랑스어」, 충북대학교 대학인문역량강화사업단(비매품).

M. Boularès et ali.(1997), *Grammaire progressive du français avec 400 exercices*, niv. débutant, intermédiaire, avancé, Paris, CLE International.

Y. Delatour et ali.(2000), *Grammaire pratique du français en 80 fiches*, Paris, Hachette.

S. Poisson-Quinton et ali.(2005), *Festival* 1, Paris, CLE International.

E-M. Rhee et ali.(2014), *Goutte à goutte,* tome 1, Shinasa.

참고 사이트

https://www.francetvinfo.fr/

https://www.francophonie.org/L-Organisation-internationale-de-la-Francophonie-42707.htm

https://www.laits.utexas.edu/tex/

http://www.parisinfo.com/visites-guidees/74277/L-Open-Tour-Paris

https://www.thinglink.com/scene/998451272057094147

https://fr.wikipedia.org/wiki/France_T%C3%A9l%C3%A9visions

https://fr.wikipedia.org/wiki/Liste_des_cha%C3%AEnes_de_t%C3%A9l%C3%A9vision_en_France

https://fr.wikipedia.org/wiki/Presse_%C3%A9crite

https://fr.wikipedia.org/wiki/Radio_France

이미지 출처 : 저자가 소장한 이미지를 제외한 모든 이미지들은 www.fotolia.com에서 구입했습니다. 다음은 구입한 파일명과 변경 내용입니다.

13과 Fotolia_109393128_S 이미지 변경, Fotolia_183862836_S, Fotolia_119660356_XS 이미지 변경

14과 Fotolia_235111755_S

15과 Fotolia_17597725_S 이미지 변경

16과 Fotolia_8428917_XS, Fotolia_9806713_S

17과 Fotolia_204412998_XS, Fotolia_236598295_XS, Fotolia_74867355_L, Fotolia_31129736_XXL

18과 Fotolia_225695952_S 이미지 변경

21과 Fotolia_211126616_S 이미지 변경

22과 Fotolia_167968199_XS, Fotolia_21306263_XS, Fotolia_11007054_S 이미지 변경

23과 Fotolia_237524310_XS, Fotolia_17452434_S